Markus Czarny, Jg. 1991, ist Experte für IT-Sicherheit, spezialisiert auf die Herausforderungen von kleinen und mittleren Unternehmen.

Er hat Wirtschaftsinformatik studiert (Abschluss: Master) und arbeitet seit 2010 als Berater mit Fokus auf IT-Sicherheit für KMUs.

Auf der Grundlage von intensiven Gesprächen mit Selbstständigen und kleinen Unternehmen hat er praktische und kosteneffiziente Lösungen entwickelt, die Kleinstunternehmen in die Lage versetzen, ihre IT-Umgebung wirksam abzusichern.

mail@sichere-kmu.de
www.sichere-kmu.de

Markus Czarny

IT-Sicherheit
für
Kleinstunternehmen

Wie Sie sich einfach und effektiv
gegen Datencrash und Datenklau
schützen können

Hamburg 2024

Inhalt

Moderne IT-Sicherheit

Die Digitalisierung hat unser tägliches Leben tiefgreifend verändert und beeinflusst auch die Art und Weise, wie Unternehmen arbeiten. Die Vorteile der Digitalisierung, wie der schnelle Zugriff auf Informationen, die Automatisierung von Prozessen und die Möglichkeit zur globalen Vernetzung sind unbestritten. Dennoch bringt diese neue Ära auch ihre eigenen Herausforderungen mit sich, insbesondere im Bereich der IT-Sicherheit.

Der Computer, das Internet und die Cloud sind zu festen Bestandteilen des Geschäftsalltags geworden und damit auch die Bedrohungen, die sie mit sich bringen. Cyberkriminalität, Datenverlust und Datenschutzverletzungen sind nur einige der Gefahren, die in dieser digitalisierten Welt lauern. Doch wie kann man sich in einer Welt schützen, die sich ständig weiterentwickelt und in welcher neue Bedrohungen fast täglich auftauchen?

Die Antwort halten Sie in den Händen. Dieses Buch dient als Ihr umfassender Guide durch die Welt der IT-Sicherheit, speziell zugeschnitten auf die Bedürfnisse von Selbstständigen und kleinen Unternehmen. Es wird Sie durch die vielfältigen Aspekte von IT-Sicherheit navigieren: von der Identifizierung von Risiken und Schwachstellen bis hin zur Implementierung von robusten Sicherheitsmaßnahmen. Ob Sie ein absoluter Neuling in diesem Bereich sind oder bereits erste Schritte zur Absicherung Ihrer digitalen Welt unternommen haben, hier finden Sie die notwendigen Informationen und Werkzeuge, um die Sicherheit Ihres Unternehmens auf das nächste Level zu bringen.

Das Alleinstellungsmerkmal dieses Buches ist der besondere Aufbau, der das Verstehen der Auswirkungen von IT-Sicherheitsrisiken in den Vordergrund stellt. Als Unternehmer ist es wichtiger zu wissen, welche Risiken es gibt, wie hoch die Eintrittswahrscheinlichkeit ist und wie hoch die Auswirkungen bei Eintritt sind, als zu verstehen, wie die Risiken im Detail aussehen. Zusätzlich fokussiert sich dieses Buch auf einen spezifischen, bewährten und direkt umsetzbaren Lösungsansatz, anstatt mit einer Auswahl oder Abstraktheit zu überfordern. Es ist an dieser Stelle wichtig zu betonen, dass es natürlich auch weitere Lösungen gibt, die in diesem Buch beschriebene Lösung eignet sich aber aufgrund des günstigen Gesamtpreises, der geringen Komplexität und durch den hohen Leistungsumfang besonders gut für kleine Unternehmen.

Zielgruppe dieses Ratgebers

Unsere digitale Landschaft ist in stetiger Bewegung und verändert, wie wir arbeiten und leben in immer kürzer werdenden Zyklen. Sei es der Architekt mit detaillierten 3D-Modellen, der Arzt mit personalisierten digitalen Therapieplänen oder der Redakteur, der Neuigkeiten aus aller Welt in Sekunden abruft. Die Digitalisierung zieht sich durch jede Branche.

Sie sind vielleicht selbstständig oder führen ein kleines Unternehmen. Die Welt der Bits und Bytes, Passwörter und Firewalls mag Ihnen fremd erscheinen, doch in Ihrem Arbeitsalltag ist der Computer, sei es in Form eines Laptops, Tablets oder Handys, Ihr ständiger Begleiter. Viele Selbstständige und kleinere Unternehmen glauben, unter dem Radar von Cyberkriminellen zu fliegen. Doch die Realität sieht anders aus. Genau diese Gruppen sind häufig die Hauptziele, da sie durch ihre schwache IT-Sicherheit leicht zu infiltrieren sind.

Im privaten Bereich könnte der Verlust eines Fotos oder Dokuments emotional schmerzhaft sein, hat jedoch selten weitreichende Folgen. Im geschäftlichen Kontext hingegen kann der Verlust von Daten oder der unerlaubte Zugriff auf Systeme nicht nur finanzielle Verluste bedeuten, sondern auch das Vertrauen von Kunden und Partnern untergraben. Insbesondere, wenn die gestohlenen Daten im Internet veröffentlicht werden. Hinzu kommt, dass in einem geschäftlichen Umfeld, in dem mehrere

Personen zusammenarbeiten, die Komplexität der Systeme und die Anzahl der potenziellen Schwachstellen steigt. Oftmals fehlen die Ressourcen oder das technische Know-how, um angemessene Sicherheitsmaßnahmen zu ergreifen, was sie zu einer leichten Beute für Cyberkriminelle macht.

Es ist daher von entscheidender Bedeutung, dass Kleinstunternehmen, kleine und mittelständische Unternehmen (KMU) die Risiken im digitalen Raum erkennen und proaktiv handeln, um ihre Daten und Systeme zu schützen. Die vermeintliche Unsichtbarkeit in der digitalen Landschaft bietet keinen Schutz vor breit angelegten und automatisierten Angriffen[1] (Hinweis: Alle Links sind in diesem Buch zum einen über die Fußnote einsehbar, zum anderen im Anhang als QR-Code abscannbar). Es ist immer besser, vorbereitet zu sein, als von den unerwarteten Folgen eines Angriffs überrascht zu werden.

Dieses Buch richtet sich insbesondere an Einzelunternehmer und KMU mit bis zu fünf Mitarbeitern, die in ihrer täglichen Arbeit technologieabhängig sind. Dazu zählen Berater, Ingenieure, Designer, Anwälte und viele mehr. Es richtet sich auch an all diejenigen, die in ihrem Berufsleben auf Computer angewiesen sind, aber nicht unbedingt Experten in IT-Sicherheit sind. Es ist genau diese Abhängigkeit von Technologie, die verwundbar macht.

---

[1] https://www.sicherheitstacho.eu/start/main

Viele kleine Unternehmen sind sich der potenziellen Gefahren nicht vollständig bewusst oder fühlen sich überwältigt von der Komplexität der IT-Sicherheit.

Hier bekommen Sie Hilfe und praxisnahe Lösungen zur Sicherung Ihrer digitalen Arbeitsumgebung. Durch die praktischen Ratschläge und Anleitungen werden Sie in die Lage versetzt, Ihre digitale Welt sicherer zu gestalten, potenzielle Risiken zu minimieren und mit einem ruhigeren Gewissen in Ihre von Technologie geprägte Zukunft zu blicken.

Der Aufbau des Buches ist dabei möglichst simpel und nachvollziehbar gestaltet. Nach den Erklärungen in Kapitel 1, welche Konzepte und Analogien wir für die Erklärungen nutzen, folgen in den Kapiteln 2–4 die drei Hauptthemen Datenverlust, Datendiebstahl und Datenverfügbarkeit. In jedem der drei Kapitel werden drei zugehörige Risiken und passende Lösungen aufgezeigt. Im letzten Kapitel finden Sie eine zusammenfassende Übersicht aller Lösungen. Die Lösungen für die neun Risiken sind so beschrieben, dass sie ineinandergreifen und es wird davon ausgegangen, dass Sie die Lösungen aus vorhergehenden Kapiteln bereits umgesetzt haben. Im Anhang finden Sie ein Glossar, dass die verwendeten Fachbegriffe erklärt und eine Auflistung über alle verwendeten Links und Quellen.

Warum IT-Sicherheit unverzichtbar ist

Stellen Sie sich vor, morgen gehen all Ihre digitalen Daten verloren. Erschreckend, oder? Wie würde Ihr Tag dann aussehen? Sie können Ihre Kunden nicht mehr bedienen, nicht mehr mit Lieferanten kommunizieren und Ihre Steuerunterlagen nicht mehr einreichen. Ohne angemessene IT-Absicherung könnte das bald Realität werden. Aber es gibt noch andere Gründe:

1. **Risikobewusstsein:** Um informierte Entscheidungen treffen zu können, ist es unerlässlich zu wissen, welche Risiken es gibt. Nur wer die Gefahren kennt, kann sich effektiv dagegen schützen oder das Risiko einschätzen und in Kauf nehmen.

2. **Wettbewerbsvorteil:** Ein hohes Maß an IT-Sicherheit kann als starkes Verkaufsargument dienen und Ihnen einen Vorteil gegenüber Mitbewerbern verschaffen, die diesen Schutz vernachlässigen.

3. **Cyber-Versicherungen:** Immer mehr Unternehmen erkennen den Wert von Cyberversicherungen als Schutz vor dem finanziellen Totalausfall. Beachten Sie jedoch, dass diese oft strikte Voraussetzungen an die IT-Sicherheit stellen, um im Schadensfall zu greifen.

4. **Kostenersparnis:** Ob Lösegeldforderungen oder verpasste Geschäftschancen, ein Sicherheitsvorfall

kann sehr kostspielig werden. Die Absicherung kann ohne große initiale Kosten eingerichtet werden.

5. **Reputationsschutz:** Ein Sicherheitsproblem belastet neben den monetären Kosten, auch den Ruf Ihres Unternehmens.

6. **Worst-Case-Vermeidung:** Ohne die entsprechenden Schutzmaßnahmen ist es nur eine Frage der Zeit, bis Sie mit einem ernsthaften Sicherheitsvorfall konfrontiert werden. Proaktives Handeln verhindert katastrophale Folgen.

7. **Rechtskonformität:** Die Einhaltung gesetzlicher Vorgaben wie der DSGVO und verschiedener Schutzmaßnahmen zur Absicherung von personenbezogenen Daten ist obligatorisch. Nichtbeachtung kann zu empfindlichen Strafen führen.

8. **Einfacherer Weg zur Zertifizierung:** Die im Buch vorgestellten Maßnahmen decken viele Aspekte des BSI-Grundschutzes[2] und der ISO 27001[3] ab. Sollten Sie oder Ihr Unternehmen zukünftig eine Zertifizierung in Erwägung ziehen, sind Sie nach Umsetzung der Maßnahmen bereits ein gutes Stück des Weges gegangen.

---

[2] https://www.bsi.bund.de/DE/Themen/Unternehmen-und-Organisationen/Standards-und-Zertifizierung/IT-Grundschutz/it-grundschutz_node.html

[3] https://www.iso.org/standard/27001

Die Implementierung und Aufrechterhaltung robuster IT-Sicherheitsmaßnahmen sind nicht nur eine Notwendigkeit, sondern eine Investition in die Zukunft, Stabilität und Glaubwürdigkeit Ihres Unternehmens. In einer Welt, die immer vernetzter und digitaler wird, darf die Sicherheit nicht vernachlässigt werden. Es ist höchste Zeit, die IT-Sicherheit als integralen Bestandteil Ihrer Geschäftsstrategie zu betrachten.

Mein Versprechen

Meine Reise in die IT-Welt begann vor über einem Jahrzehnt. Während meines Studiums zum Master of Science in Wirtschaftsinformatik habe ich die IT-Sicherheit für KMU als Fokusthema für meine Forschung gewählt. Durch Hunderte Gespräche mit Selbstständigen und KMU während meiner verschiedenen Rollen vom IT-Support bis zum Leiter eines IT-Dienstleistungsunternehmens verstehe ich die Herausforderungen kleiner Unternehmen aus erster Hand.

Dieses Buch ist das Ergebnis meiner jahrelangen Forschung und Hands-On Erfahrung, und ich hoffe, dass es Ihnen den Weg zu einer sichereren IT-Umgebung weisen wird. Dabei ist es mir wichtig, Ihnen nur die besten und bewährten Lösungen aufzuzeigen. Jeder Ratschlag in diesem Buch basiert auf meiner persönlichen Erfahrung und ist praxiserprobt.

Mein Ziel ist es, Ihnen nicht nur Werkzeuge, sondern auch das nötige Verständnis und Vertrauen für eine sicherere digitale Arbeit zu vermitteln. Das Wissen und die Maßnahmen in diesem Buch können Ihnen Tausende Euro sparen – sowohl in Form von Beraterkosten für ein IT-Sicherheitskonzept als auch in Form von verhinderten Cyber-Angriffen.

Ich gebe Ihnen mit diesem Ratgeber nicht nur einen wertvollen Leitfaden an die Hand, sondern auch mein Wort: Mit dem hier vermittelten Wissen sind Sie gewappnet, um die digitale Welt sicher und verantwortungsbewusst zu navigieren und Ihr Unternehmen sicher in die Zukunft zu bringen. Die hier beschriebenen Lösungen stellen eine Investition in Ihre Sicherheit und die Zukunft Ihres Unternehmens dar, die sich vielfach auszahlen wird.

Ein Beispiel

Eine Sicherheitsanalyse mit Handlungsempfehlungen durch einen IT-Dienstleister kostet je nach Umfang und Komplexität zwischen 1.000 € und 5.000 €. Die Umsetzung dieser Handlungsempfehlungen für eine breite Absicherung, wie in diesem Buch dargestellt, kostet nochmals mindestens 2.000 € plus die monatlichen Lizenzkosten für die Software des IT-Dienstleisters. Das heißt, die Kosteneinsparungen durch die Maßnahmen in diesem Buch sind mindestens vierstellig oder im Falle eines verhinderten Angriffs noch deutlich höher.

Unabhängigkeitshinweis

Ich stehe in keinerlei Verbindung zu einem der hier im Buch genannten Produkte oder Anbieter. Ich erhalte kein Geld oder sonstige Vorteile durch die Nennung bestimmter Produkte. Die Auswahl entstand komplett unabhängig und ausschließlich auf Basis jahrelanger Erfahrung mit einer großen Anzahl von Sicherheitsprodukten.

Disclaimer

Alle Produkte, Tipps und Links in diesem Buch wurden vor der Veröffentlichung getestet und funktionierten zum Zeitpunkt der Veröffentlichung. Die Welt der IT-Sicherheit ist jedoch ständig in Bewegung und daher können manche Informationen zu einem späteren Zeitpunkt überholt sein. Außerdem ist eine hundertprozentige Sicherheit gegen jeden Angriff nicht möglich. Mit den hier angebotenen Hinweisen sind Sie aber schon deutlich besser aufgestellt als die meisten Unternehmen und damit auch ein weniger attraktives Ziel für mögliche Angreifer.

Die Risikomatrix

Eines der zentralen Instrumente, um Risiken in ihrem ganzen Umfang zu verstehen, ist eine Risikomatrix. Sie hilft, sowohl die Wahrscheinlichkeit eines unerwünschten Ereignisses als auch die Auswirkungen, sollten dieses eintreten, abzuschätzen. Zusammen lassen sich daraus die Kosten für Nichtschutz berechnen und den Kosten für Schutzmaßnahmen gegenüberstellen.

	Schadenshöhe (Auswirkung) im Eintrittsfall		
	Gering Bis zu 1.000 €	Schmerzhaft Bis zu 10.000 €	Kritisch Bis zu 100.000 €
Wahrscheinlich Bis zu 25 %	Moderat Bis zu 250 €	Erheblich Bis zu 2.500 €	Sehr hoch Bis zu 25.000 €
Möglich Bis zu 10 %	Gering Bis zu 100 €	Mittel Bis zu 1.000 €	Hoch Bis zu 10.000 €
Unwahrscheinlich Bis zu 1 %	Vernachlässigbar Bis zu 10 €	Gering Bis zu 100 €	Mittel Bis zu 1.000 €

Eintrittswahrscheinlichkeit ohne Schutz pro Jahr

Aufbau der Risikomatrix

Die Risikomatrix ist ein zweidimensionales Diagramm, das sich aus der Eintrittswahrscheinlichkeit auf der y-Achse und Schadenshöhe auf der x-Achse zusammensetzt. Die Zahlen für die Wahrscheinlichkeiten und Schadenshöhe sind Durchschnittswerte aus mehreren Jahren Beratungserfahrung. Falls diese bei Ihnen abweichen, können Sie diese einfach austauschen.

Eintrittswahrscheinlichkeit ohne Schutz pro Jahr

Hierbei handelt es sich um die Chance, dass ein bestimmtes Risikoereignis in einem Jahr eintritt, wenn kein Schutz vorhanden ist. Die Wahrscheinlichkeiten basieren dabei auf der Erfahrung aus mehreren hundert betreuten Unternehmen.

- Unwahrscheinlich – bis zu 1 %
  (passiert nur selten)

- Möglich – bis zu 10 %
  (passiert eventuell)

- Wahrscheinlich – bis zu 25 %
  (passiert in absehbarer Zeit)

Schadenshöhe (Auswirkung) im Eintrittsfall

Diese Zahl misst, welchen finanziellen Schaden ein Risikoereignis im Durchschnitt verursacht.

- Gering – bis zu 1.000 €

- Schmerzhaft – bis zu 10.000 €

- Kritisch – bis zu 100.000 €

Kosten für Nichtschutz pro Jahr

Eine Berechnung, die verdeutlicht, welche Kosten entstehen könnten, wenn man sich nicht vor dem Risiko schützt. Es wird basierend auf der Eintrittswahrscheinlichkeit und der Schadenshöhe berechnet, die miteinander multipliziert werden und lässt sich auf der Risikomatrix ablesen.

- Vernachlässigbar – bis zu 10 €

- Gering – bis zu 100 €

- Moderat – bis zu 250 €

- Mittel – bis zu 1.000 €

- Erheblich – bis zu 2.500 €

- Hoch – bis zu 10.000 €

- Sehr hoch – bis zu 25.000 €

Kosten für Schutz pro Jahr

Diese Kosten zeigen, wie hoch der Preis ist, um sich gegen das jeweilige Risiko zu schützen. Dies ergibt im Großteil der Fälle nur Sinn, wenn die Kosten für den Schutz niedriger sind als die Kosten für den Nichtschutz. In diesem Buch werden die Kosten für den Schutz pro Benutzer aufgezeigt. Ein Benutzer ist eine Person, die in Ihrem Unternehmen arbeitet. Dazu zählen Sie und alle Partner, Kollegen und Mitarbeiter, die mit einer eigenen E-Mail-Adresse oder einem eigenen Computer arbeiten. Die genannten Preise sind die offiziellen Herstellerpreise im Januar 2024.

Mit der hier dargestellten Risikomatrix erhalten Sie ein effizientes Werkzeug, um sowohl die potenziellen Gefahren als auch die wirtschaftlichen Auswirkungen ungeschützter Risiken zu visualisieren und fundierte Entscheidungen über den Schutzbedarf und -kosten zu treffen. Es ist ein Schlüsselinstrument für jedes Unternehmen, das sich der Bedeutung von IT-Sicherheit bewusst ist und präventive Maßnahmen ergreifen möchte.

Praxisanwendung der Risikomatrix

Nehmen wir das fiktive Unternehmen von Emma Schneider als Beispiel. Sie bietet professionelle Energieberatungen an und ist stark von ihrer IT-Infrastruktur abhängig. Mit drei Mitarbeitern, jeweils ausgestattet mit einem PC und einem Smartphone, einer branchenspezifischen Software zur Berechnung der Energieeffizienz von Gebäuden und einem ständigen Austausch von Dokumenten mit Kunden, gibt es zahlreiche potenzielle Risikopunkte. Außerdem hat das Unternehmen aufgrund der hohen Auftragslage keine Zeit, um nebenher IT-Probleme zu lösen.

Ein mögliches Risikoszenario könnte sein, dass ein Computerfehler zu einem Datenverlust führt. Da das Unternehmen ständig neue Dokumente erstellt und die eingesetzte Software viele Updates bekommt, ist eine jährliche Eintrittswahrscheinlichkeit von "Wahrscheinlich – 25 %" über alle Geräte hinweg realistisch. Der finanzielle Schaden, wenn eine Datei verloren geht und ein Kundenprojekt neu gestartet werden muss, kann als "Gering – bis zu 1.000 €" oder "Schmerzhaft – bis zu 10.000 €" eingeschätzt werden, je nachdem, ob das Projekt noch am Anfang oder schon kurz vor Abschluss ist.

Die Kosten für den Nichtschutz liegen demnach zwischen 250 € und 2.500 € pro Jahr. Dies berechnet sich aus dem jährlichen Wahrscheinlichkeitswert von 25 % multipliziert mit dem Schadenswert zwischen 1.000 € und 10.000 €.

Für den Schutz dieser Daten kann Emma Schneider auf die im nächsten Kapitel vorgestellte Lösung zurückgreifen. Die Kosten dafür liegen bei ca. 480 € pro Jahr (120 € multipliziert mit vier Benutzern).

Da die Lösung aus Datenverlust noch durch weitere Risikofaktoren entstehen kann (mehr dazu in Kapitel Risiko 2 Datenlöschung), sollte diese Rechnung noch für die weiteren Faktoren durchgeführt werden, wodurch sich die Kosten für den Nichtschutz weiter erhöhen und es fast immer günstiger ist, den Schutz gegen Datenverlust einzurichten.

Das Nutzen einer Risikomatrix ermöglicht es dem Unternehmen, fundierte Entscheidungen über Investitionen in Schutzmaßnahmen zu treffen und das Unternehmen sich besser gegen potenzielle Gefahren abzusichern.

Eine Analogie

Stellen Sie sich vor, Sie sind ein Starkoch mit einer unver-
wechselbaren Handschrift. Ihr Geschäftsgeheimnis, Ihr
Alleinstellungsmerkmal, ist ein Kochbuch, das Sie über
Jahre hinweg mit erlesenen Rezepten gefüllt haben. Zu
viele Rezepte, um sich diese alle merken zu können. Dieses Kochbuch ist wie die DNA Ihres Restaurants: Es enthält die Anleitung für alle Gerichte, die Sie servieren, und
die Kreationen, die Ihre Gäste lieben. Kurz gesagt, es ist
Ihre geschäftliche Seele in gebundener Form.

Wenn Ihr Kochbuch so wichtig für den Erfolg Ihres Restaurants ist, würden Sie es dann nicht in einem Safe auf-
bewahren? Würden Sie es nicht vor Feuchtigkeit, Feuer
und Diebstahl schützen? Ebenso müssen Sie Ihre Geschäftsdaten schützen, als wären sie das Rezeptbuch,
das die Einzigartigkeit und Exzellenz Ihres Unternehmens ausmacht.

In der Geschäftswelt wie in der Küche ist der Schlüssel
zum Erfolg oft ein gut gehütetes Geheimnis. Wenn dieses
Geheimnis verloren geht oder in die falschen Hände gerät, ist der Schaden oft irreparabel. Sie würden Ihr wichtiges Kochbuch nicht leichtfertig behandeln. Behandeln
Sie auch Ihre Geschäftsdaten mit der gleichen Sorgfalt,
als wären sie das Rezept für Ihren unternehmerischen
Erfolg. Denn das sind sie.

Nun stellen Sie sich vor, Ihr Kochbuch mitsamt allem
über die Jahre aufgebauten Wissen, und damit auch Ihr
Unternehmen, Ihr Ruf und Ihre Mitarbeiter, ist in Gefahr.

Es gibt drei verschiedene Arten von Gefahren, denen Sie täglich ausgesetzt sind. Den Verlust des Kochbuchs, den Diebstahl des Kochbuchs und die zeitweise Nichtverfügbarkeit des Kochbuchs. Diese drei Gefahren betrachten wir nun bezogen auf unsere Analogie genauer.

Datenverlust: Das Buch in Flammen

Sie stehen in Ihrer Küche, der Duft von Gewürzen liegt in der Luft. Ihr unschätzbar wertvolles Kochbuch, ein gebundenes Kompendium Ihrer kulinarischen Meisterleistungen, thront auf der Kücheninsel und ist aufgeschlagen bei dem Rezept, das Ihr Restaurant berühmt gemacht hat. Plötzlich jedoch entfacht ein Funke vom Herd ein Feuer, und ehe Sie sich versehen, wird das Herzstück Ihrer schmackhaften Leistungen von lodernden Flammen verschlungen. Obwohl Sie das Feuer rasch löschen, bleibt von Ihrem Kochbuch nur ein verkohlter Haufen zurück. Ihre Meisterrezepte, die Geheimnisse Ihrer Soßen und die subtilen Techniken, die Sie über Jahre hinweg perfektioniert haben, sind für immer verloren. Ohne Ihr einzigartiges Kochbuch könnten Sie Ihre Gerichte nicht mehr so zubereiten, wie Ihre Gäste es gewohnt sind. Der besondere Geschmack, das gewisse Etwas, das Ihren Gästen immer wieder das Wasser im Mund zusammenlaufen lässt, ist Vergangenheit. Ihr Restaurant wird zu einer kulinarischen Einöde.

Der einzige Lichtblick: Ihre Kreationen sind zwar zerstört, aber sie sind nicht in die Hände eines Rivalen gelangt.

Die Rezepte sind Geheimnisse, die niemand anderem offenbart wurden. Sie sind verloren gegangen und Sie müssen wieder von vorne anfangen und alles neu aufbauen. Diese Situation ist vergleichbar mit einem Datenverlust in einem Unternehmen, der durch unvorhersehbare Ereignisse wie Brände, Überschwemmungen oder Systemausfälle auftreten kann. Ihr Unternehmen erleidet einen Schaden, weil es nicht mehr auf wichtige Informationen zugreifen kann, aber sie bleiben vertraulich, da sie nicht gestohlen wurden.

Datendiebstahl: Das Kochbuch geklaut

Jetzt stellen Sie sich alternativ vor, ein Eindringling schleicht sich heimlich in Ihre Küche und entwendet Ihr wertvolles Kochbuch direkt von Ihrem Küchentisch. Die Person, die Ihr Kochbuch gestohlen hat, kann nun Ihre speziellen Rezepte und Kochtechniken nachahmen und sogar an andere weitergeben. In diesem Fall erleiden Sie nicht nur einen Verlust, es gibt auch einen unautorisierten Gewinn auf der Seite des Diebes.

Jetzt befinden sich Ihre exquisiten Rezepte, Ihre erprobten Kochtechniken und Ihre wohlbehüteten Geheimnisse in fremden Händen. Der Dieb hat nicht nur einen Schatz entwendet, er hat sich auch das Potenzial erschlossen, Ihre Kreationen für sich selbst oder andere nachzuahmen. Ihr Verlust wird durch den unautorisierten Gewinn des Diebes verschärft. Es ist ein Diebstahl, der weit mehr als nur materiellen Verlust und Arbeit für den Wiederaufbau bedeutet. Ein Konkurrent kauft Ihr Kochbuch von dem Dieb und nutzt es, um seine eigene Speisekarte zu verbessern. Aber er gibt den Gerichten neue Namen, fügt eine Zutat hinzu oder entfernt eine andere und verkauft es als seine eigene Kreation. Ihre jahrelangen Mühen geben ihm einen unverdienten Vorteil.

Diese düstere Situation ist die perfekte Analogie zum Datendiebstahl im Unternehmenskontext. Hier hat jemand illegal Zugang zu Ihren vertraulichen Geschäftsdaten auf Ihren Computern erlangt. Der Schaden ist zweifach: Zum einen verlieren Sie den Zugriff auf Ihre eigenen Daten, zum anderen öffnet sich die Tür für potenzielle Missbräuche, die von Industriespionage bis zur Erschaffung eines direkten Konkurrenten reichen können. Der Datendiebstahl stellt somit nicht nur ein internes, sondern vor allem ein gravierendes externes Risiko dar.

Ausfallzeit: Der defekte Herd

Jetzt stellen wir uns eine dritte, ebenso beunruhigende Situation vor: Sie haben eine große Reservierung für den Abend, ein wichtiges Event, das Ihr Restaurant auf die kulinarische Landkarte setzen könnte. Sie bereiten sich vor, die Zutaten sind bereit, die Küche ist blitzsauber, und Ihre Mitarbeiter sind motiviert. Doch dann, kurz bevor die ersten Gäste eintreffen, gibt der Herd seinen Geist auf. Er wird einfach nicht mehr heiß. Sie rufen sofort den Techniker, aber der kann erst am nächsten Tag kommen. Als Sie nach alternativen Gerichten suchen, die keinen Herd benötigen, fällt Ihnen auf, dass Sie Ihr Kochbuch zu Hause vergessen haben und nun eine Stunde fahren müssten, um es zu holen. Die ersten Gäste kommen an, und die Erwartungen sind hoch. Sie versuchen, ein Familienmitglied loszuschicken, um Ihnen das Buch zu bringen und währenddessen mit anderen Kochmethoden zu improvisieren. Aber es ist nicht dasselbe. Der Abend endet in einer kulinarischen Katastrophe, und Ihr Restaurant bekommt schlechte Kritiken.

Dieses Szenario ist eine treffende Analogie zur zeitweisen Nichtverfügbarkeit von Daten in einem Unternehmen durch unerwartete Ereignisse wie Stromausfälle oder Computerabstürze. Es kann auch sein, dass ein Software-Bug Zugang zu wichtigen Geschäftsdaten sperrt oder ein DDoS-Angriff Ihre Website lahmlegt. In solchen Fällen sind Ihre Daten zwar nicht verloren oder gestohlen, aber sie sind für eine entscheidende Zeitspanne unzugänglich. Das kann zu erheblichen Betriebsstörungen führen, Kunden verärgern und das Vertrauen in Ihr Unternehmen erschüttern. In solchen Momenten wird deutlich, wie abhängig moderne Unternehmen von einer ständigen Verfügbarkeit ihrer Daten sind.

Übertragen auf Ihr Unternehmen

Ob es nun der Verlust, der Diebstahl oder die zeitweise Nichtverfügbarkeit Ihrer Daten ist. Jedes dieser Szenarien kann verheerende Auswirkungen auf Ihr Unternehmen haben. In unserer Starkoch-Analogie haben wir gesehen, wie jedes dieser Risiken die Existenz eines Restaurants bedrohen kann. In der realen Geschäftswelt sind die Risiken genauso real und oft noch komplexer. Daher ist es unerlässlich, dass Sie Ihre Daten mit der gleichen Sorgfalt schützen, wie ein Starkoch sein einzigartiges Kochbuch. Nur so können Sie sicherstellen, dass Ihr Unternehmen nicht nur überlebt, sondern auch in der heutigen datengetriebenen Welt erfolgreich ist.

Ich hoffe, diese literarische Interpretation hat den Wert und die Bedeutung des Schutzes von Geschäftsdaten greifbar gemacht. Das Verstehen der Unterschiede zwischen Datenverlust, Datendiebstahl und Datenausfall ist entscheidend für die Entwicklung einer robusten IT-Sicherheitsstrategie. Die bisher genannten Beispiele und Analogien waren dabei nur ein Vorgeschmack auf mögliche Sicherheitsrisiken. In den folgenden Kapiteln werden wir tiefer in die einzelnen Aspekte der IT-Sicherheit eintauchen und Ihnen praktische Tipps und Anleitungen geben, um Ihr digitales Leben sicherer zu gestalten. Denn wie der Starkoch sein Kochbuch schützt, so sollten Sie Ihre digitalen Rezepte – Ihre Daten und Ihr Know-how – mit der gleichen Sorgfalt bewahren.

Teil I: Datenverlust

Wie wir bereits im vorangegangenen Kapitel besprochen haben, sind digitale Daten vergleichbar zu den über Jahre gesammelten Rezepten eines Kochs. Das metaphorische Kochbuch ist dabei nicht nur ein Sammelsurium von Zahlen und Fakten, sondern die Essenz dessen, was Ihr Unternehmen einzigartig macht. Es enthält die „Rezepte" für Ihre Produkte, Ihre Dienstleistungen und die Beziehungen zu Ihren Kunden und Lieferanten. Aber was passiert, wenn dieses Kochbuch plötzlich verschwindet? Was, wenn die Seiten, die Ihre geschäftlichen Geheimnisse enthalten, durch einen Brand zerstört oder durch Wasser beschädigt werden?

In diesem Kapitel werden wir uns darauf konzentrieren, wie Sie Ihre geschäftlichen Daten vor Verlust schützen können. Wir werden die verschiedenen Risiken untersuchen, die zu einem solchen Verlust führen können, von Hardware-Ausfällen und versehentlichem Löschen bis zur Verschlüsselung durch Angreifer. Und natürlich werden wir praxiserprobte Lösungen besprechen, um solche Katastrophen zu vermeiden.

Risiko 1: Hardwareausfall

 Das erste Risiko, welches wir beleuchten werden, ist der Datenverlust durch einen Hardwareausfall. Während Hardware ersetzt werden kann, sind die darauf gespeicherten Daten oft unwiederbringlich verloren, wenn keine angemessenen Schutzmaßnahmen getroffen werden. In diesem Kapitel werden wir die vielfältigen Folgen und Kosten, die mit Datenverlust durch Hardwareausfälle verbunden sind, ausführlich analysieren. Wir werden die Hauptursachen für solche Ausfälle untersuchen und eine Lösung vorstellen, die dieses Risiko minimiert. Vor dem Hintergrund der Risikomatrix werden wir auch die wirtschaftlichen Aspekte beleuchten, um Unternehmen bei der Entscheidungsfindung zu unterstützen. Übertragen auf die Starkoch Analogie kann ein Hardwareausfall mit dem Verbrennen des Kochbuchs, das im letzten Kapitel aufgezeigt wurde, verglichen werden.

Folgen und Kosten der Wiederherstellung

Wenn man die Risikomatrix im Zusammenhang mit Hardwareausfällen analysiert, entsteht ein klares Bild von den möglichen finanziellen und operativen Auswirkungen eines solchen Ausfalls.

Risikomatrix

- Eintrittswahrscheinlichkeit ohne Schutz pro Jahr: Möglich – bis zu 10 %

- Schadenshöhe (Auswirkung) im Eintrittsfall: Kritisch – bis zu 100.000 €

- Kosten für Nichtschutz pro Jahr: Hoch – bis zu 10.000 € pro Jahr

- Kosten für Schutz pro Jahr: 250 € pro Benutzer

Was zu sehen ist, ist dass die Kosten für den Nichtschutz sehr hoch sein können. Dies liegt daran, dass es bei einem Komplettverlust der Geschäftsdaten oft nicht möglich ist, den Betrieb aufrechtzuerhalten. Dieses kritische Risiko wird noch darin bestärkt, dass eine professionelle Wiederherstellung von einem Datenrettungsunternehmen mehrere Tausend Euro kosten kann. Dabei ist nicht garantiert, ob der Datenretter die verlorenen Dateien zurückholen kann. Wenn nun mehrere Computer unterschiedliche Daten gespeichert haben, multipliziert sich das Risiko sogar mit der Anzahl der Geräte, da jeder Datenträger unabhängig voneinander ausfallen kann.

Für die Wiederherstellung der Daten von beschädigten Speichermedien benötigen spezialisierte Dienstleister wie Ontrack[4] teure Reinräume und umfangreiches Fachwissen. Trotz des hohen Preises und der Expertise sind

---

[4] https://www.ontrack.com/de-dev

die Ergebnisse jedoch nicht immer garantiert. Die Daten-
wiederherstellung schafft es oft nur einen Bruchteil der
Ursprungsdaten zurückzuholen, da der Rest unwiederbringlich zerstört ist. Wenn auf dem beschädigten Datenträger wichtige Dokumente wie Aufträge, Rechnungen und Kundendaten gespeichert waren, ist es sehr
zeitaufwendig und teuer, wenn nicht sogar unmöglich
diese neu zu erstellen.

Beispiele

- Eine Zahnarztpraxis verliert aufgrund eines Fest-
  plattencrashs all ihre Patientendaten. Die Wiederherstellung der Daten durch ein Spezialun-
  ternehmen kostet mehrere Tausend Euro, zusätzlich entstehen Ausfallzeiten.

- Eine Grafikdesignerin verliert durch einen Was-
  serschaden ihre externen Festplatten mit jahre-
  lang gesammelten Bildern und Designvorlagen.
  Die Daten sind unwiederbringlich verloren. Da
  sie bei zukünftigen Arbeiten nicht auf ihre Vorla-
  gen zurückgreifen kann, muss sie monatelang
  mehr arbeiten, um die gleiche Qualität wie vor-
  her auszuliefern.

- Ein Fotostudio verliert durch einen Blitzein-
  schlag sämtliche Fotos einer zweitägigen Hochzeitsreportage. Das Brautpaar ist empört und
  fordert eine hohe Entschädigungssumme. Außerdem schreibt es auf mehreren Plattformen
  eine negative Bewertung.

Ursachen für Hardwareausfälle

Die Liste der möglichen Ursachen für Hardwareausfälle ist lang und vielfältig. Das Verständnis dieser Ursachen ist der erste Schritt, um vorbeugende Maßnahmen zu ergreifen. Festplattenausfälle können aufgrund von verschiedenen Faktoren auftreten. Ein Hardwaredefekt oder das natürliche Erreichen der Lebensdauer eines Speichermediums sind häufige Gründe. Dies betrifft alle Arten von Speichermedien, insbesondere auch USB-Sticks und optische Datenträger wie CDs und DVDs Die durchschnittliche Lebensdauer dieser Speicher liebt bei ca. 10 Jahren. Elementarschäden wie Wasserschäden, Feuerschäden, Stromausfälle und Einbrüche können ebenfalls verheerende Auswirkungen auf Hardware haben. Menschliche Fehler wie das Fallenlassen von Geräten, das Verschütten von Flüssigkeiten wie Kaffee oder Gewaltanwendung aus Frustration können zu einem Ausfall führen. Umweltfaktoren wie Hitzestau durch Verschmutzung oder Staub und hohe Luftfeuchtigkeit können die Lebensdauer von Speichermedien erheblich verkürzen. Schließlich kann der Verlust oder Diebstahl von Speichermedien wie Laptops, Handys oder USB-Sticks, auf denen die einzige Version der Daten gespeichert ist, ebenfalls zu einem Datenverlust führen.

Lösungen und Anbieter

Im Kontext der vielfältigen Risiken für Hardwareausfälle ist es unerlässlich, eine robuste Lösung für die Datensicherheit in Betracht zu ziehen. Die gängige Lösung sich dagegen abzusichern, ist die Daten in einem zentralen Speichersystem zu verwalten, statt auf jedem Gerät individuell. Das hilft zusätzlich auch dagegen, unterschiedliche Versionen auf unterschiedlichen Geräten zu haben, sodass alle Mitarbeitenden immer den gleichen Versionsstand zur Verfügung haben. Auch das Übertragen von Daten per USB-Stick entfällt damit. Wenn nun ein Gerät ausfällt, sind die Daten weiterhin von allen anderen Geräten erreichbar.

Für die zentrale Ablage Ihrer Daten ist SharePoint Online[5] als Teilprodukt von Microsoft 365 Business Premium[6] eine hervorragende Option. Da bei den folgenden Kapiteln Risiko 2 Datenlöschung, Risiko 3 Datenverschlüsselung und Risiko 4 Hardwarediebstahl weitere Funktionen der Microsoft 365 Business Premium Lizenz als Schutz genutzt werden, ist dies eine sehr kosteneffiziente Softwarelösung, die sich für alle Unternehmen lohnt.

---

[5] https://www.microsoft.com/de-de/microsoft-365/sharepoint/collaboration

[6] https://www.microsoft.com/de-de/microsoft-365/business/microsoft-365-business-premium

Die Vorteile von SharePoint Online bezogen auf das Risiko der Hardwareausfälle sind eine zentrale Datenablage und Synchronisation für alle Geräte an denen gearbeitet wird. Die Synchronisation auf alle Computer stellt sicher, dass Sie und Ihr Team immer auf dem neuesten Stand sind, unabhängig vom jeweiligen Standort. Ebenso bietet die Plattform auch Möglichkeiten zur Vergabe von Zugriffsrechten innerhalb des Unternehmens und Freigabemöglichkeiten für Kunden, was den Datenaustausch erheblich erleichtert. Auch für Apple-Nutzer ist diese Lösung kompatibel, obwohl sie von Microsoft kommt. Genauso können die Daten auch mit Handy und Tablet abgerufen und bearbeitet werden. Bei einem Jahrespreis von etwa 250 € pro Benutzeraccount, der auch 1 TB Speicherplatz beinhaltet, bietet Microsoft 365 Business Premium ein gutes Verhältnis von Kosten und Leistung. Dies steigert sich noch, wenn nach Durchgehen der zukünftigen Kapitel die weiteren enthaltenen Funktionen ebenfalls genutzt werden.

Es gibt auch andere Optionen auf dem Markt, jedoch bringen diese einige Einschränkungen mit sich, weshalb sie hier nicht empfohlen werden. Anbieter wie Strato, Ionos oder T-Online sind aufgrund ihrer fehleranfälligen Sync-Client-Lösungen nicht optimal. Die Software von Apple für KMU, Apple Business Essentials, ist in Deutschland nicht verfügbar. Lösungen wie OneDrive (Privataccount) und iCloud sind zwar sehr populär, allerdings ist ihre Nutzung für geschäftliche Zwecke von den Herstellern explizit nicht gestattet. Dies ist in den Ge-

schäftsbedingungen klar festgehalten; im Falle von iC-
loud steht insbesondere unter Punkt IV, Abschnitt A[7],
dass der Dienst nur für den privaten Gebrauch bestimmt
ist (Stand 18.09.2023). Diese Beschränkungen können
rechtliche Konsequenzen haben, und es ist ratsam, solche Dienste für geschäftliche Anwendungen zu meiden.
Dropbox bietet zwar eine Lösung für Geschäftskunden,
doch dieser fehlen zusätzliche Sicherheitsfunktionen,
weshalb eine Nutzung nicht empfohlen wird.

So wird SharePoint Online eingerichtet

1. Registrieren bei Microsoft 365[8]

2. Einrichten von E-Mails im Admin Center[9]

3. Erstellen einer SharePoint Online Seite[10]

4. Dateien in SharePoint erstellen oder hochladen
    und teilen[11]

---

[7] https://www.apple.com/de/legal/internet-
services/icloud/de/terms.html

[8] https://support.microsoft.com/de-
de/office/willkommen-bei-microsoft-365-business-
d60a9cbe-8cb5-4807-b57c-bca553e372aa

[9] https://support.microsoft.com/de-
de/office/hinzuf%C3%BCgen-eines-benutzerdefinierten-
dom%C3%A4nennamens-071780ac-46bb-4758-b30d-39ad0aeccf42

[10] https://support.microsoft.com/de-de/office/melden-
sie-sich-bei-sharepoint-an-324a89ec-e77b-4475-b64a-
13a0c14c45ec

[11] https://support.microsoft.com/de-
de/office/dateispeicher-f%C3%BCr-ihr-unternehmen-
ed07dae5-673a-461d-a98a-f93323eb7e36

Hinweise aus der Praxis

- Die OneDrive App für Windows, Mac und Mobil-
  geräte synchronisiert auch die SharePoint Online Dateien

- OneDrive sollte als Ablage nur genutzt werden,
  wenn die Dateien nicht mit anderen zusammen
  bearbeitet werden müssen. Für die Zusammen-
  arbeit ist SharePoint Online besser geeignet, da
  dort eine robuste Berechtigungsstruktur einge-
  setzt werden kann.

- In der Microsoft 365 Business Premium Lizenz
  ist auch Microsoft Teams enthalten, das als
  Kommunikationsplattform für das Unternehmen
  genutzt werden kann. In Teams selbst können
  auch die Dateien in SharePoint Online angesehen und bearbeitet werden.

Insgesamt lässt sich feststellen, dass Hardwareausfälle
und der damit verbundene Datenverlust gravierende
Auswirkungen auf den Geschäftsbetrieb haben können.
Die potenziellen finanziellen und operativen Schäden
unterstreichen die Notwendigkeit, in zuverlässige und
robuste Lösungen zu investieren.

Indem Unternehmen proaktive Schritte unternehmen und sich für bewährte Lösungen wie Microsoft 365 Business Premium entscheiden, können sie diese Risiken erheblich minimieren und sicherstellen, dass ihre Datenbestände zu jeder Zeit geschützt und zugänglich sind. Wichtig ist dabei, vorausschauend zu agieren und nicht erst, wenn es bereits zu spät ist.

Risiko 2: Datenlöschung

 Nachdem die Daten nun vor Hardware-
ausfällen geschützt sind, kommen wir zum
nächsten Risiko für unsere Daten. Datenverlust durch Löschung, ob versehentlich,
durch einen Softwarefehler oder durch
Dritte, ist ein bedeutendes Risiko. Mit der Kochbuchana-
logie kann ein Datenverlust durch Löschung, etwa das
Herausreißen einer Seite aus dem Buch vergleichen werden.

Folgen und Kosten der Wiederherstellung

Wenn wir die finanziellen und operationellen Auswirkungen von Datenverlusten betrachten, erhalten wir eine
klare Vorstellung davon, warum dieses Thema so ernst
genommen werden sollte. Wir beginnen wieder mit der
Risikomatrix und gehen dann auf die Auswirkungen ein.

Risikomatrix

- Eintrittswahrscheinlichkeit ohne Schutz pro
  Jahr: Wahrscheinlich – bis zu 25 %

- Schadenshöhe (Auswirkung) im Eintrittsfall:
  Schmerzhaft – bis zu 10.000 €

- Kosten für Nichtschutz pro Jahr: Erheblich – bis zu 2.500 €

- Kosten für Schutz pro Jahr: 120 € pro Benutzer

Ähnlich wie bei defekten Datenträgern sind die Kosten für eine Wiederherstellung gelöschter Daten sehr hoch. Auch hier ist ein Erfolg nicht garantiert. Gelöschte Dateien werden nach einer gewissen Zeit von dem Computer überschrieben und sind dann unwiederbringlich verloren. Daher ist die Empfehlung der Datenretter den PC nach einem Vorfall sofort auszumachen und nicht mehr zu benutzen, bis die Wiederherstellung abgeschlossen ist. Das bedeutet aber auch eine Ausfallzeit von mehreren Tagen bis Wochen, in denen der Computer nicht benutzt werden kann.

Das Ausmaß von gelöschten Daten kann demnach sehr unterschiedlich sein. Je nachdem, ob nur eine einzelne, unwichtige Datei gelöscht wurde, oder ob mehrere kritische Ordner gelöscht wurden.

Beispiele

- Ein Ingenieurbüro löscht versehentlich einen Ordner mit wichtigen Bauplänen. Obwohl ein Datenrettungsunternehmen beauftragt wird, lassen sich nur Bruchstücke wiederherstellen. Das Projekt verzögert sich um Wochen.

- Ein Fotograf löscht versehentlich den Ordner mit den Fotos einer Hochzeitsreportage. Der wütende Bräutigam verklagt ihn auf Schadensersatz.

- Bei einer Anwaltskanzlei wird aufgrund eines Softwarefehlers der Posteingang-Ordner der Sekretärin geleert. Über Nacht löscht das E-Mail-Programm auch den Papierkorb. Da keine Sicherung existiert, müssen nun Mandanten und Gerichte gebeten werden, die letzten E-Mails nochmals zu schicken.

Ursachen für Datenlöschung

Das versehentliche Löschen von Dateien ist vielleicht der häufigste und gleichzeitig auch vermeidbarste Grund für Datenverluste. Ein einfacher Fehlklick, eine falsche Tastenkombination oder das irrtümliche Löschen von Dateien im Papierkorb sind nur einige der alltäglichen Fehler, die jeden treffen können. Trotz fortschrittlicher Technologie sind wir Menschen nicht fehlerfrei und können in stressigen Situationen oder durch Ablenkung Fehler begehen. Besonders ärgerlich ist es, eine Datei mit einer anderen Datei mit demselben Namen zu überschreiben, was zum sofortigen Verlust der überschriebenen Datei führt. Besonders hoch ist die Wahrscheinlichkeit dafür bei Dateien, an denen mehrere Kollegen zusammenarbeiten. Unklare Datenlöschrichtlinien oder mangelnde Kommunikation zwischen Personen können zu unbeabsichtigtem Datenverlust führen.

In einigen Fällen sind nicht die Nutzer, sondern die Software selbst der Übeltäter. Ein Programm könnte beispielsweise abstürzen und dabei aktuell bearbeitete Daten beschädigen. Automatisierte Systeme oder Anwendungen können auch Dateien überschreiben, wenn sie nicht korrekt konfiguriert sind oder durch Bugs beeinträchtigt werden. Genauso wie ein nicht getestetes Software-Update zu katastrophalen Datenverlusten führen kann. Manchmal ist die Software auch so eingestellt, dass alte Dateien automatisch gelöscht werden, ohne vorherige Überprüfung oder Hinweise. Wenn diese Dateien dann später noch einmal benötigt werden, sind sie nicht mehr auffindbar.

Lösungen und Anbieter

Durch den Einsatz von SharePoint Online (Lösung aus Risiko 1 Hardwareausfall) haben wir schon ein Werkzeug gegen unabsichtliche Lösch ung und Überschreibung von Dateien. SharePoint Online unterstützt die Versionierung[12] der Daten und einen Papierkorb[13].

Das heißt, Sie können jederzeit zu einer früheren Version eines Dokuments zurückkehren, falls eine aktuellere Version gelöscht oder fehlerhaft bearbeitet wurde.

Dies schützt aber nicht gegen alle Arten von Verlusten. Es kann sein, dass die Version der benötigten Datei nicht mehr im Versionsverlauf oder Papierkorb auffindbar sind. Es kann auch sein, dass der Zugriff zum Microsoft Konto verloren geht. Daher empfiehlt es sich, eine zusätzliche Sicherung der Daten in SharePoint Online bei einem anderen Anbieter anzulegen. Die Empfehlung dafür ist Hornetsecurity 365 Total Protection Compliance & Awareness[14]. Es bietet eine automatisierte Cloud-Sicherung für alle wichtigen Microsoft 365 Daten und stellt sicher, dass Ihr Unternehmen im Falle eines Verlusts weiterhin Zugriff hat. Bei den Kosten von 120 € pro Benutzer und Jahr sind noch weitere Funktionen enthalten, die wir in Risiko 6 Zugangsdiebstahl nutzen werden.

---

[12] https://support.microsoft.com/de-de/office/anzeigen-des-versionsverlaufs-eines-elements-oder-einer-datei-in-einer-liste-oder-bibliothek-53262060-5092-424d-a50b-c798b0ec32b1

[13] https://support.microsoft.com/de-de/office/manage-the-recycle-bin-of-a-sharepoint-site-8a6c2198-910e-42dc-9a9c-bc5bc4f327da

[14] https://www.hornetsecurity.com/de/services/365-total-protection-compliance-and-awareness/

**So wird Hornetsecurity 365 Total Protection
Compliance & Awareness eingerichtet**

1. Registrieren bei Hornetsecurity[15]

2. In der Bestätigungsmail auf "Starten Sie das Onboarding" klicken

3. Das Anmeldeformular bestätigen und bei dem
   Microsoft 365 Konto, welches in Kapitel Risiko 1
   Hardwareausfall erstellt wurde, anmelden und
   die Verbindung herstellen

4. Dem Onboarding Assistenten folgen, um alle
   Funktionen einzurichten

Hinweise aus der Praxis

- Nach der Einrichtung werden alle in OneDrive,
  SharePoint Online, Exchange Online und Teams
  gespeicherten Daten automatisch gesichert.

- Ein paar Tage nach der Einrichtung sollte dies im
  Dashboard von Hornetsecurity überprüft werden, ob die Sicherung ohne Probleme durchge-
  laufen ist.

- Außerdem sollte auch ein Test der Wiederherstellung einiger Dateien durchgeführt werden,
  um diesen Teil der Software ebenfalls zu überprüfen (siehe auch Risiko 8 Notfälle)

---

[15] https://www.hornetsecurity.com/de/services/365-
total-protection-compliance-and-awareness/

Zusammenfassend kann festgestellt werden, dass die Risiken einer Datenlöschung und der damit verbundenen Datenverluste weitreichende Auswirkungen haben können. Es ist von entscheidender Bedeutung, dass Unternehmen die notwendigen Schritte unternehmen, um sich gegen solche Ausfälle zu schützen und sicherzustellen, dass ihre Geschäftsdaten in jeder Situation sicher sind.

Risiko 3: Datenverschlüsselung

 Das nächste Risiko ist der Datenverlust durch Verschlüsselung. In den Nachrichten kommen wöchentlich Berichte über neue Angriffe, die selbst große Unternehmen lahmlegen. Aber durch die einfache Erstellung und Verbreitung der sogenannten Erpressungstrojaner sind auch kleine Unternehmen im Visier der Angreifer. Ein Erpressungstrojaner ist vergleichbar mit einem Einbrecher, der Ihr Kochbuch entwendet und Lösegeld für dessen Rückgabe verlangt.

Folgen und Kosten der Wiederherstellung

Wenn wir die düstere Welt der Erpressungstrojaner und die damit verbundene Datenverschlüsselung unter die Lupe nehmen, sehen wir, wie drastisch die Konsequenzen sein können.

Risikomatrix

- Eintrittswahrscheinlichkeit ohne Schutz pro Jahr: Möglich – bis zu 10 %

- Schadenshöhe (Auswirkung) im Eintrittsfall: Kritisch – bis zu 100.000 €

- Kosten für Nichtschutz pro Jahr: Hoch – bis zu 10.000 € pro Jahr

- Kosten für Schutz pro Jahr: 80 € pro Benutzer

Stellen Sie sich vor, Sie versuchen eines Morgens, Ihren Computer anzuschalten und mit der Arbeit zu beginnen. Auf dem Bildschirm taucht aber statt des vertrauten Hintergrundbildes nur eine Lösegeldforderung auf. Was zunächst wie ein übler Scherz aussieht, kann schnell zu einem Albtraum werden. Erpressungstrojaner oder Ransomware nehmen Ihre Daten als Geisel und fordern oft Lösegeld in Kryptowährungen. Schlimmer noch, auch wenn Sie das Lösegeld zahlen, gibt es keine Garantie, dass Sie Ihre Daten zurückerhalten.

Experten können oft erst Monate oder sogar Jahre später Programme zur Entschlüsselung entwickeln. In der Zwischenzeit könnten Ihre Daten nicht nur unzugänglich sein, sondern auch von den Angreifern gestohlen und verkauft werden. Hinzu kommt der Reputationsschaden durch meldepflichtige Angriffe, der selbst bei erfolgreicher Entschlüsselung anhalten kann. Im Eintrittsfall ist eine Datenverschlüsselung durch Ransomware oft existenzbedrohend[16].

---

[16] https://www.tagesschau.de/inland/cyberangriffe-deutschland-bka-100.html

Beispiele

- Ein Immobilienverwalter wird Opfer einer
  Ransomware-Attacke. Sämtliche Daten auf den
  lokalen Rechnern und Servern sind verschlüsselt. Lösegeld wird gezahlt, aber nur ein Teil der
  Daten wird wiederhergestellt. Aufgrund von feh-
  lenden Unterlagen sind Strafzahlungen an das
  Finanzamt notwendig. Da durch die Ransomware Zahlung kaum noch liquides Kapital übrig
  ist, muss das Unternehmen Insolvenz anmelden.

- Der Laptop eines Geschäftsführers einer Kfz-
  Werkstatt wird mit Ransomware infiziert. Eine
  Lösegeldzahlung scheitert, wichtige Geschäftsdaten bleiben dauerhaft verschlüsselt. Das Unternehmen verliert durch die Zahlung und manu-
  elle Neuerstellung der Daten Geld in Höhe des
  letzten Jahresgewinnes.

- Ein Handelsunternehmen wird Opfer einer
  Ransomwareattacke. Innerhalb von Stunden
  sind alle Dokumente auf allen Computern verschlüsselt. Aus Prinzip wird kein Lösegeld gezahlt. Die letzten Datensicherungen sind 5 Monate alt. Alle Daten seit der letzten Sicherung
  müssen aus anderen Quellen zusammenge-
  sucht oder neu erstellt werden. Das Unternehmen hat dadurch einen Umsatzeinbruch von 60
  % für das aktuelle Jahr.

Ursachen für Datenverschlüsselung

Die meisten Menschen denken, sie wären vor Schadsoftware sicher, wenn sie keine dubiosen Websites besuchen oder fragwürdige E-Mails öffnen. Aber die Realität ist komplexer und heimtückischer. Einer der beängstigendsten Aspekte ist, dass Ransomware heutzutage mit erschreckender Leichtigkeit erschaffen werden kann. Baukästen für Ransomware sind im Darknet erhältlich, und selbst jemand mit geringen technischen Kenntnissen kann sie nutzen. Selbst die besten Antimalware-Scanner sind nicht unfehlbar. Einige fortschrittliche Ransomware-Varianten sind darauf spezialisiert, nicht erkannt zu werden. Herkömmliche Scanner suchen nach Signaturen der Schadsoftware, aber durch die einfache Erstellung kommen täglich viele neue Varianten dazu. Die Mehrheit der Ransomware-Attacken ist nicht gezielt, sondern eher eine massenhafte Streuung von Angriffen im digitalen Raum. Ähnlich wie ein Fischer, der sein Netz auswirft in der Hoffnung, ein paar Fische zu fangen, versenden die Angreifer Tausende von Spam-E-Mails oder platzieren bösartige Werbebanner auf zahlreichen Websites. Oftmals werden auch legitime Websites genutzt, um Ransomware zu verbreiten. Dabei werden Webseiten mit einer großen Reichweite gehackt und mit einem versteckten Angriffscode versehen.

Lösungen und Anbieter

Das Einrichten von Microsoft Defender for Business[17] bietet eine effektive Lösung, um dem Risiko der Datenverschlüsselung durch Ransomware entgegenzuwirken. Dieses Sicherheitstool ist bereits in Microsoft 365 Business Premium enthalten und funktioniert nicht nur auf Windows, sondern auch auf macOS und Mobilgeräten. Im Gegensatz zu dem regulären Microsoft Defender, der bereits kostenlos in allen modernen Windows Versionen integriert ist, hat der Microsoft Defender for Business als Next-Gen Endpoint Protection (umgangssprachlich auch Virenschutz genannt, aber mit mehr Funktionen als ein traditioneller Virenschutz ausgestattet) bessere Erkennungsraten und bietet somit umfassenderen Schutz.

Ergänzend dazu lohnt sich eine Investition in NinjaOne[18], eine Plattform für IT-Management und Überwachung. Mit einem Preis von etwa 80 € pro Benutzer und Jahr ermöglicht es diese Software, automatische Updates für Drittanbieter-Software einzurichten. Auf weitere Funktionalitäten von NinjaOne werden wir in den Kapiteln Risiko 7 IT-Probleme und Risiko 8 Notfälle noch eingehen.

---

[17] https://www.microsoft.com/de-de/security/business/endpoint-security/microsoft-defender-business?market=de

[18] https://www.ninjaone.com/de/

So wird Microsoft Defender for Business eingerichtet

1. Sicherstellen, dass allen Benutzern eine Microsoft 365 Business Premium Lizenz zugewiesen wurde[19]

2. Installieren von Microsoft Defender for Business auf allen Geräten[20]

Als Zweites sollte auf allen Geräten die automatische Installation von Updates aktiviert werden. Das Aktivieren automatischer Updates für Ihre Software für das Betriebssystem, Microsoft Office und die restliche Software schließt Sicherheitslücken, durch die Ransomware eindringen könnte.

Folgende Anleitungen helfen dabei:

- Windows Betriebssystem[21], Microsoft Office[22] und App Store[23]

---

[19] https://learn.microsoft.com/de-de/microsoft-365/security/defender-business/mdb-add-users?view=o365-worldwide

[20] https://learn.microsoft.com/de-de/microsoft-365/security/defender-business/mdb-onboard-devices?view=o365-worldwide&tabs=Windows10and11

[21] https://support.microsoft.com/de-de/windows/windows-aktualisieren-3c5ae7fc-9fb6-9af1-1984-b5e0412c556a

[22] https://support.microsoft.com/de-de/office/aktualisieren-von-office-mit-microsoft-update-f59d3f9d-bd5d-4d3b-a08e-1dd659cf5282

[23] https://support.microsoft.com/de-de/windows/aktivieren-automatischer-app-updates-70634d32-4657-dc76-632b-66048978e51b

- macOS Betriebssystem[24], Microsoft Office[25] und App Store[26]

Die Einrichtung von NinjaOne erfordert eine Registrierung beim Hersteller[27]. Leider ist es nicht möglich, sich selbst anzumelden, dies geschieht erst nach einer Kontaktaufnahme durch den Hersteller. Wenn dieser Schritt geschafft ist, lässt sich die Software für Windows und macOS herunterladen und in den Richtlinien die automatische Installation von Softwareupdates anschalten.

Hinweise aus der Praxis

- Mit einem NinjaOne Account hat man Zugriff auf ein umfangreiches Hilfecenter, was die Einrichtung nochmals detailliert erklärt

- Die Updaterichtlinie sollte auf mindestens einmal pro Woche eingestellt werden, damit die Updates der Softwarehersteller zeitnah installiert werden

---

[24] https://support.apple.com/en-us/HT201541

[25] https://support.microsoft.com/de-de/office/automatisches-aktualisieren-von-office-f%C3%BCr-mac-bfd1e497-c24d-4754-92ab-910a4074d7c1

[26] https://support.apple.com/de-de/guide/app-store/fir9b01adda3/3.0/mac/13.0

[27] https://www.ninjaone.com/de/patching-kostenlos-testen/

Insgesamt betrachtet ist die Einrichtung von Microsoft Defender for Business und NinjaOne ein unverzichtbarer Schritt, um sich vor den gravierenden Folgen einer Ransomware-Infektion und der damit verbundenen Datenverschlüsselung zu schützen. Automatische Software-Updates schließen tückische Sicherheitslücken und die Next-Gen Protection von Defender erkennt und stoppt gezielt neue Angriffe, bevor ein Schaden entsteht.

Zusammenfassung:
Schutz vor Datenverlust

In der digitalen Ära sind Daten für Unternehmen von unschätzbarem Wert, vergleichbar mit den unersetzlichen
Rezepten eines Starkochs. Der Verlust dieser Daten
kann verheerende Auswirkungen haben, sowohl finanziell als auch betrieblich. In den vorangegangenen Kapiteln haben wir verschiedene Risiken identifiziert und Lösungen vorgestellt, um Unternehmen vor solchen Verlusten zu schützen.

Datenverlust durch Hardwareausfall ist ein erhebli-
ches Risiko, bei dem die physischen Komponenten eines
Systems versagen. Die Hauptursachen reichen von Defekten über Umweltschäden bis zu menschlichen Feh-
lern. Als präventive Maßnahme wurde SharePoint Online
von Microsoft 365 Business Premium als optimale Lösung zur zentralen Datenablage und -sicherung hervorgehoben.

Beim **Datenverlust durch Löschung** handelt es sich um
Verluste, die durch versehentliches Löschen, Softwarefehler oder unklare Datenlöschrichtlinien verursacht
werden. SharePoint Online bietet durch seine Versionie-
rungsfunktionen und den integrierten Papierkorb einen
Schutz vor unbeabsichtigter Löschung. Für zusätzliche
Sicherheit sorgt Hornetsecurity 365 Total Protection
Compliance & Awareness, das eine zusätzliche Sicherung der Daten gewährleistet.

Das Risiko des **Datenverlusts durch Verschlüsselung,** insbesondere durch Erpressungstrojaner, stellt eine wachsende Bedrohung dar. Diese Ransomware verschlüsselt Daten und fordert Lösegeld für deren Freigabe. Um sich vor solchen Angriffen zu schützen, wurde der Microsoft Defender for Business empfohlen, der in Microsoft 365 Business Premium bereits enthalten ist. Die Aktivierung automatischer Software-Updates und der Einsatz von Programmen wie NinjaOne für das Updatemanagement tragen zusätzlich zur IT-Sicherheit bei.

Abschließend ist es von entscheidender Bedeutung, dass Unternehmen proaktiv handeln und in bewährte Lösungen investieren, um Datenverluste zu verhindern. Die vorgestellten Lösungen bieten einen umfassenden Schutz, der die Integrität und Verfügbarkeit von Unternehmensdaten sicherstellt. Es ist immer besser, vorzubeugen als zu reagieren, speziell wenn es um so wertvolle Ressourcen wie Unternehmensdaten geht.

Teil II: Datendiebstahl

In der pulsierenden Welt der Gastronomie ist das Kochbuch eines Starkochs mehr als nur eine Sammlung von Rezepten. Es ist das Herzstück seiner kulinarischen Vision, ein Archiv von Geheimnissen, das über Jahre hinweg mit Sorgfalt und Hingabe zusammengestellt wurde. Ein solches Buch offen im Gastraum liegenzulassen, wäre undenkbar. Es wäre, als würde man die Türen seiner Küche weit offen lassen, einladend für jeden, der vorbeikommt, um hineinzuschauen und vielleicht sogar etwas mitzunehmen.

Genau so verhält es sich mit den Daten in der digitalen Welt. Sie sind das Rückgrat eines jeden Unternehmens, die geheimen Zutaten, die es von der Konkurrenz abheben. Doch wie schützt man diese wertvollen Informationen vor neugierigen Blicken und vor allem vor denen, die sie stehlen möchten? Wie stellt man sicher, dass das digitale „Kochbuch" sicher und unzugänglich bleibt?

In diesem Kapitel werden wir uns auf die Kunst und Wissenschaft des Datenschutzes konzentrieren. Wir werden die verschiedenen „Einbrecher" und ihre Techniken kennenlernen, von Phishing bis zu direkten Hacks. Wir wer-

den die Risiken und potenziellen Kosten eines Datenverlusts durch Diebstahl beleuchten und Ihnen praxisnahe
Strategien an die Hand geben, um Ihre digitalen Daten zu
sichern.

Risiko 4: Hardwarediebstahl

 Stellen Sie sich vor, Sie sitzen in einem Café und arbeiten an Ihrem Laptop. Sie stehen kurz auf, um sich einen Kaffee zu holen, und in diesem Moment wird Ihr Laptop gestohlen. Ein Albtraum, nicht wahr? Aber es geht nicht nur um den materiellen Verlust des Geräts. Wie wenn unserem Starkoch sein Kochbuch gestohlen wird, ist das Problem nicht das Buch an sich, sondern die darin beschriebenen Rezepte. Ebenso sind bei Ihrem Laptop die wahren Schätze die Daten und Informationen, die darauf gespeichert sind. In diesem Kapitel werden wir uns mit dem Risiko des Datendiebstahls durch Gerätediebstahl befassen und wie Sie sich davor schützen können.

Folgen und Kosten der Schadensminderung

Die Risikomatrix malt ein düsteres Bild, wenn es um Datendiebstahl durch Gerätediebstahl geht.

Risikomatrix

- Eintrittswahrscheinlichkeit ohne Schutz pro Jahr: Wahrscheinlich – bis zu 25 %

- Schadenshöhe (Auswirkung) im Eintrittsfall: Kritisch – bis zu 100.000 €

- Kosten für Nichtschutz pro Jahr: Sehr hoch – bis
  zu 25.000 €

- Kosten für Schutz pro Jahr: 0 € pro Benutzer (Inklusive bei der Lösung aus Kapitel Risiko 1 Hardwareausfall)

Neben dem reinen Wert des Geräts können die darauf
gespeicherten Daten und Kennwörter einen deutlich hö-
heren Wert haben. Stellen Sie sich vor, jemand hätte Zugriff auf Ihre E-Mails, Kontakte und vielleicht sogar Ihre
Bankinformationen. Der Dieb könnte sich als Sie ausgeben und Ihr Vertrauen bei Kollegen oder Geschäftspart-
nern ausnutzen. Ein einfaches Beispiel wäre eine E-Mail,
die von Ihrem gestohlenen Gerät gesendet wird, mit der
Aufforderung an einen Kollegen, eine Banküberweisung
durchzuführen. Die Kosten für solche Vorfälle können
astronomisch sein.

Beispiele

- Der Laptop eines Unternehmensberaters wird
  gestohlen. Darauf befinden sich vertrauliche
  Kundeninformationen sowie Zugangsdaten. Es
  kommt zur Rufschädigung und finanziellen Verlusten.

- Das Handy einer Anwältin wird gestohlen. Der
  Dieb greift auf vertrauliche Mandantendaten
  und Kommunikation zu und veröffentlicht diese
  im Internet.

- Bei einer Designagentur wird ein Laptop gestohlen. Der Dieb greift auf sensible Kundeninformationen sowie unveröffentlichte Konzepte zu und erpresst die Agentur.

Erklärung von Gerätediebstahl

Gerätediebstahl kann überall passieren: im Zug, in einem Café, oder sogar aus Ihrem eigenen Büro oder Homeoffice. Auch wenn Sie Ihren Laptop in einer Tasche verstauen, kann diese an belebten Orten schnell und ohne Zeugen abhandenkommen. Die Diebe sind oft gut organisiert und wissen genau, was sie tun. Sie beobachten Sie vielleicht, während Sie Ihre PIN oder Ihr Passwort eingeben, und schlagen dann zu, wenn Sie am wenigsten damit rechnen. Doch auch ohne Passwort können viele Daten aus einem ungeschützten Gerät ausgelesen werden, in dem die Festplatten ausgebaut und die Daten darauf auf einen anderen PC übertragen werden.

Lösungen und Anbieter

Die gute Nachricht ist, dass es Möglichkeiten gibt, sich vor solchen Szenarien zu schützen. Und das Beste daran ist, dass diese Schutzmaßnahmen oft kostenlos oder bereits in Ihren bestehenden Abonnements enthalten sind.

Die Verschlüsselung Ihrer Geräte ist der erste und wichtigste Schritt. Wo im Kapitel Risiko 3 Datenverschlüsselung die Angreifer Ihre Daten verschlüsselt haben, um einen Zugriff des Unternehmens zu verhindern, kann das Unternehmen seine Daten auch selbst verschlüsseln, um Zugriff von Dritten zu verhindern. Dabei ist es wichtig ein starkes Anmeldekennwort für die Geräte zu haben, da der Angreifer sonst durch das Herausfinden der Anmeldung die Verschlüsselung umgehen kann. Um dies zu verhindern, sollte zeitnah nach dem Verlust das Gerät aus der Ferne gesperrt und gelöscht werden.

Für die Sperrung und Löschung des Geräts aus der Ferne unterstützt Sie eine Mobile Device Management (MDM) Lösung. Wenn Sie bereits wie in Kapitel Risiko 1 Hardwareausfälle beschrieben die Microsoft 365 Business Premium Lizenz nutzen, haben Sie Zugang zu Microsoft Intune[28]. Mit Intune können Sie alle Geräte zentral verwalten und die Sperrung oder Löschung des Geräts anstoßen.

Mit Intune können Sie auch sicherstellen, dass alle Geräte in Ihrem Unternehmen die Verschlüsselungsrichtlinien einhalten[29]. Das ist besonders wichtig, da die Geräte der Mitarbeiter genauso gefährdet sind wie die eigenen.

---

[28] https://learn.microsoft.com/de-de/mem/intune/user-help/use-managed-devices-to-get-work-done

[29] https://learn.microsoft.com/de-de/mem/intune/protect/endpoint-security-disk-encryption-policy

Es ist auch wichtig zu wissen, dass Android- und iOS-Geräte ab Werk bereits verschlüsselt sind. Das bedeutet, dass Sie sich weniger Sorgen um die Verschlüsselung dieser Geräte machen müssen, aber die Verwaltung über Intune bleibt ein wichtiger Schutzmechanismus.

So wird Microsoft Intune eingerichtet

1. Überprüfung der Lizenzen.[30] Dies sollte bereits im Rahmen der SharePoint Online Einrichtung abgeschlossen sein.

2. Erstellen einer Geräterichtlinie, welche die Geräteverschlüsselung als Voraussetzung enthält.[31]

3. Registrieren aller Geräte, welche geschützt werden sollen.[32]

Hinweise aus der Praxis

- Microsoft Intune ist eine mächtige Software, um die Geräte mit weiteren Richtlinien abzusichern. Beispielsweise kann festgelegt werden, dass

---

[30] https://learn.microsoft.com/de-de/mem/intune/fundamentals/deployment-plan-setup

[31] https://learn.microsoft.com/de-de/mem/intune/fundamentals/deployment-plan-compliance-policies

[32] https://learn.microsoft.com/de-de/mem/intune/fundamentals/deployment-guide-enroll

starke Anmeldekennwörter oder längeren An-
meldepins benötigt werden.[33]

- Es sollte mit einem Testgerät geprüft werden, ob
  das Löschen der Daten und Zurücksetzen auf
  Werkseinstellungen funktioniert.[34] Damit wissen
  Sie auch, wie das Zurücksetzen funktioniert und
  müssen im Ernstfall nicht lange recherchieren.

- Verlorene Geräte können auch mit Microsoft Intune geortet werden, in dem die aktuelle Posi-
  tion auf einer Karte angezeigt wird.

Datendiebstahl durch Gerätediebstahl ist ein ernst zu
nehmendes Risiko. Die potenziellen Kosten können
enorm sein, sowohl finanziell als auch in Bezug auf den
Verlust des Vertrauens. Glücklicherweise gibt es effektive und oft kostenlose Möglichkeiten, sich zu schützen.
Es ist wichtig, proaktiv zu sein und nicht zu warten, bis es
zu spät ist. Denn wie das Sprichwort sagt: Vorsicht ist
besser als Nachsicht.

---

[33] https://learn.microsoft.com/de-
de/mem/intune/fundamentals/deployment-plan-
configuration-profile

[34] https://learn.microsoft.com/de-de/mem/intune/remote-
actions/devices-wipe#wiping-a-device

Risiko 5: Datenlecks

 Passwörter sind wie die Schlüssel zu Ihrem digitalen Zuhause. Sie würden Ihren Haustürschlüssel nicht einfach irgendwo liegen lassen, oder? Leider tun viele genau das mit ihren Passwörtern. Sie verwenden einfache, leicht zu erratende Passwörter oder nutzen das gleiche Passwort für mehrere Dienste. Dabei sind Datenlecks eine der häufigsten und gefährlichsten Formen des digitalen Diebstahls, die sowohl Privatpersonen als auch Unternehmen betreffen können. In diesem Kapitel werden wir uns eingehend mit dem Risiko von Datenlecks befassen und Strategien zur Minimierung dieses Risikos vorstellen. Übertragen auf die Starkoch Analogie ist das, als würde der Koch immer ein Zahlenschloss mit der gleichen Kombination verwenden, egal ob es um sein Fahrrad, Dokumentenschränke oder den Reisekoffer handelt.

Folgen und Kosten der Schadensminderung

Die Risikomatrix zeigt, dass Datenlecks ein ernsthaftes Problem sind, das nicht ignoriert werden sollte.

Risikomatrix

- Eintrittswahrscheinlichkeit ohne Schutz pro
  Jahr: Wahrscheinlich – bis zu 25 %

- Schadenshöhe (Auswirkung) im Eintrittsfall:
  Schmerzhaft – bis zu 10.000 €

- Kosten für Nichtschutz pro Jahr: Erheblich – bis
  zu 2.500 €

- Kosten für Schutz pro Jahr: 72 € pro Benutzer

Die Auswirkungen eines Datenlecks können je nach Art
des betroffenen Accounts variieren. E-Mail-Konten sind
besonders kritisch, da sie oft als „Schlüssel" zu anderen
Konten dienen. Shopping-Accounts wie eBay oder Amazon haben Zahlungsdaten hinterlegt, und der Diebstahl
solcher Konten kann zu direkten finanziellen Verlusten
führen. Social Media Accounts können für Rufschädigung missbraucht werden, und Konten, die persönliche
Fotos oder Dokumente enthalten, können zu Datendiebstahl, Erpressung und der Veröffentlichung von vertraulichen Informationen führen. Oft können Angreifer mehrere Accounts gleichzeitig infiltrieren, was den Schaden
noch weiter erhöht.

Beispiele

- Eine Gastronomin nutzt für ihren Onlineshop
  das gleiche Passwort wie für ihr E-Mail-Konto.
  Durch einen Softwarefehler im Onlineshop wird

dieser gehackt. Cyberkriminelle bekommen Zugriff auf ihr E-Mail-Konto und verschicken in ihrem Namen Spam- und Phishing-E-Mails an alle Ihre Kontakte.

- Durch ein Datenleck werden die Log-in-Daten eines Onlinehändlers für Amazon erbeutet. Die Angreifer ändern das Auszahlungskonto und bekommen alle Einnahmen des Händlers überwiesen, bis das Problem bemerkt wird.

- Über einen Hack eines kleinen Forums werden die Zugangsdaten der Mitglieder erbeutet. Darunter ist auch der Zugang des Geschäftsführers eines Bekleidungshändlers. Noch bevor das Passwort geändert werden kann, gelangen Angreifer darüber in seine Social-Media Accounts und verbreiten Links zu unseriösen Webseiten.

Erklärung von Datenlecks

Datenlecks passieren, wenn Webseiten mit gespeicherten Benutzeraccounts gehackt werden und die Benutzeraccounts von den Webseiten gestohlen werden. Es ist davon auszugehen, dass jede Webseite, auf der man einen Account erstellt, im Ziel von Hackern ist. Nicht jede Webseite merkt das und informiert seine Benutzer darüber. Manchmal kommt der Hack erst an die Öffentlichkeit, wenn die abgeflossenen Benutzerdaten im Internet veröffentlicht werden. Aktuell sind über 12 Milliarden Accounts von über 700 gehackten Webseiten[35] bekannt.

Was Sie als Benutzer anfällig macht, ist wenn Sie ein einfaches Passwort verwenden oder wenn Sie das gleiche Passwort auf mehreren Webseiten verwenden. Dadurch können Angreifer Ihre Zugänge schnell und automatisiert knacken.

Lösungen und Anbieter

Die Sicherheit Ihrer Accounts liegt nicht in Ihrer Hand, sondern in der Verantwortung der Webseitenbetreiber. Daher müssen wir davon ausgehen, dass jedes Passwort potenziell gehackt werden kann. Der Schlüssel zum Schutz liegt daher im Verringern der Auswirkungen eines solchen Vorfalls.

Jeder Account sollte ein einzigartiges Passwort haben. So verhindern Sie, dass ein gestohlenes Passwort eine Kettenreaktion auslöst und dem Angreifer Zugang zu mehreren Diensten ermöglicht.

Die Multi-Faktor-Authentifizierung (MFA) bietet eine zusätzliche Sicherheitsebene. Eine Analogie ist der Wachhund im Garten. Auch wenn jemand den Haustürschlüssel hätte, müsste er noch am Hund vorbei. Die MFA ist der Wachhund der digitalen Welt. Selbst wenn jemand

---

[35] https://haveibeenpwned.com/PwnedWebsites

Ihr Passwort kennt, benötigt er noch einen weiteren „Faktor", um Zugang zu erhalten.

Es gibt Dienste, die Ihnen mitteilen können, ob Ihre Passwörter in Datenlecks aufgetaucht sind. Ändern Sie kompromittierte Passwörter sofort.

Ein Passwortmanager ist wie ein Schlüsselbund für Ihre digitalen Schlüssel. Er speichert alle Ihre Passwörter sicher an einem zentralen Ort und Sie müssen sich nur ein sehr starkes Master-Passwort merken. Stellen Sie sich vor, Sie hätten einen Tresor zu Hause, in dem alle Ihre Schlüssel sicher aufbewahrt sind. Dieser Tresor ist nur durch einen speziellen, nur Ihnen bekannten Code zugänglich. Ein Passwortmanager funktioniert genauso, nur digital. Dies hat zusätzlich den Vorteil, dass Sie von allen Ihren Geräten auf Ihre Passwörter zugreifen können.

Der Passwortmanager Bitwarden[36] kann Ihnen dabei helfen, all diese Best Practices einfach umzusetzen. Bitwarden kann nicht nur Passwörter speichern und generieren, sondern auch Multi-Faktor-Authentifizierung integrieren und Sie warnen, wenn Ihre Passwörter kompromittiert wurden. Die Kosten für Bitwarden liegen bei 72 € pro Jahr und Benutzer, eine kleine Investition für erheblichen Schutz. Was Bitwarden außerdem auszeichnet, ist dass Passwörter und die MFA-Funktion mit Ihren Kollegen und Mitarbeitern sicher geteilt werden können,

---

[36] https://bitwarden.com/de-DE/products/business/

falls mehrere Personen Zugang zu einem Account benötigen.

So wird Bitwarden eingerichtet

1. Erstellen eines Bitwarden Accounts[37]

2. Erstellen einer Bitwarden Organisation für geteilte Passwörter[38]

3. Anlegen von Passwörtern im Web Tresor[39]

Hinweise aus der Praxis

- Es ist möglich, Bitwarden ausschließlich mit dem Web Tresor zu nutzen. Die Benutzung ist aber komfortabler, wenn man zusätzlich die Browsererweiterungen und Smartphoneapps installiert.[40]

- Die MFA-Implementierung heißt bei Bitwarden Authenticator[41] und kann auf jedem Gerät und für jedes Passwort ergänzt werden.

---

[37] https://bitwarden.com/de-DE/help/create-bitwarden-account/

[38] https://bitwarden.com/de-DE/help/getting-started-organizations/

[39] https://bitwarden.com/de-DE/help/getting-started-webvault/

[40] https://bitwarden.com/de-DE/download/

[41] https://bitwarden.com/de-DE/help/authenticator-keys/

Datenlecks sind eine ernste Bedrohung in unserer digitalen Welt. Die potenziellen Kosten sind enorm, sowohl finanziell als auch emotional. Aber mit den richtigen Vorsichtsmaßnahmen können Sie das Risiko minimieren und sich effektiv schützen.

Risiko 6: Zugangsdiebstahl

 Das Abgreifen von Zugangsda-
ten, auch als Phishing be-
kannt, ist eine der subtilsten
und hinterhältigsten Metho-
den des Datendiebstahls. Im
Gegensatz zum Datenleck aus dem vorangegangenen
Kapitel, bei dem die Daten direkt vom Anbieter gestohlen
werden, sind hier die Benutzer selbst das Ziel. In der Starkoch Analogie ist dies vergleichbar mit einem als Lieferant verkleideten Dieb, dem Sie Einlass in die Küche gewähren und der heimlich Ihre teuren Zutaten und das
wertvolle Kochbuch mitnehmen kann. Die beste Technologie schützt nicht, wenn die Menschen, die sie verwenden, nicht geschult sind Unregelmäßigkeiten zu erkennen. In diesem Kapitel beleuchten wir die Risiken, die mit
dem Abgreifen von Zugangsdaten verbunden sind, und
zeigen Ihnen, wie Sie sich effektiv davor schützen können.

Folgen und Kosten der Schadensminderung

Die Risikomatrix verdeutlicht, dass das Abgreifen von Zugangsdaten ein Risiko darstellt, auf das sich vorbereitet
werden sollte.

Risikomatrix

- Eintrittswahrscheinlichkeit ohne Schutz pro Jahr: Möglich – bis zu 10 %

- Schadenshöhe (Auswirkung) im Eintrittsfall: Schmerzhaft – bis zu 10.000 €

- Kosten für Nichtschutz pro Jahr: Mittlere – bis zu 1.000

- Kosten für Schutz pro Jahr: 0 € pro Benutzer (Inklusive bei Lösung aus Risiko 2 Datenlöschung)

Die Folgen eines erfolgreichen Phishing-Angriffs können verheerend sein. Wie beim vorhergehenden Risiko 5 Datenlecks unterscheiden sich die Auswirkungen, je nach kompromittiertem Account. Oft sind aber gerade die wichtigsten Accounts wie E-Mails oder Zahlungszugänge das Ziel der Angreifer. Der Angreifer kann Ihre Daten löschen, verkaufen oder veröffentlichen, in Ihrem Namen handeln, oder Sie erpressen.

Beispiele

- Ein Großhändler fällt auf eine Phishing-Mail herein und gibt Log-in-Daten für sein PayPal Konto preis. Die Angreifer führen mehrere Transaktionen zu unterschiedlichen Empfängern durch und zahlen sich das Geld aus, bevor der PayPal Support informiert wird.

- Ein Arzt wird Opfer eines gezielten Phishing-Angriffs und gibt seine Dienst-E-Mail-Zugangsdaten preis. Die Angreifer können damit das Kennwort für die Praxissoftware zurücksetzen. Krankenakten von Patienten werden abgegriffen und die Praxis damit erpresst.

- Ein Fitness- und Lifestyle Coach fällt auf eine Phishing-E-Mail herein und gibt die Office 365 Log-in-Daten preis. Innerhalb weniger Minuten haben die Angreifer hunderte vertrauliche Dokumente heruntergeladen und gelöscht.

Erklärung von Zugangsdiebstahl

Phishing ist eine Methode, bei der Angreifer versuchen, Ihre Zugangsdaten zu stehlen, indem sie Sie auf gefälschte Websites locken oder betrügerische E-Mails senden. Die Angreifer können auch mit Hilfe von Schadsoftware Ihre Cookies stehlen, um Accounts zu benutzen, ohne das Kennwort kennen zu müssen.

Die Angreifer versuchen, Sie dazu zu bringen, sensible Informationen wie Passwörter preiszugeben, indem sie sich als vertrauenswürdige Quelle ausgeben. Es ist, als würde jemand an Ihrer Tür klingeln und sich als Gasableser ausgeben, nur um dann Ihr Haus auszuräumen, sobald Sie ihm den Zugang gewähren.

Es gibt auch spezialisierte Formen des Phishings, wie Spear Phishing, bei dem die Angreifer gezielt einzelne

Personen oder Organisationen ins Visier nehmen. Dabei kann es neben dem Abgreifen von Zugangsdaten auch um direktes Anweisen von Überweisungen[42] gehen, weshalb Buchhalter und Geschäftsführer besonders gefährdet sind. Die meisten Phishing Angriffe laufen aber über automatisierte Massenmails.

Ein weiteres Risiko besteht darin, dass Multi-Faktor-Authentifizierung (MFA) über SMS unsicher ist. Angreifer können einen SIM-Swap durchführen und so die SMS-Nachrichten abfangen.

Lösungen und Anbieter

Der Schlüssel zum Schutz vor Phishing liegt in der Kombination aus technischen Maßnahmen und der Schulung der Benutzer.

Ein externer Mail-Filter ist bei der Lösung von Hornetsecurity aus Risiko 2 Datenlöschung inklusive. Dieser kann betrügerische E-Mails effektiv filtern. Ferner bietet die Lösung von Hornetsecurity auch Schulungen an, um das Bewusstsein für die Gefahren von Phishing zu schärfen, sowie eine Phishing Simulation, welche regelmäßig an alle Mitarbeiter in Ihrem Unternehmen ungefährliche Phishing E-Mails verschickt, um die Aufmerksamkeit auf das Thema aufrechtzuerhalten.

---

[42] https://www.sueddeutsche.de/wirtschaft/homeoffice-betrug-gdv-1.5397404

Wie schon in Risiko 5 Datenlecks hilft auch gegen Zugangsdiebstahl die Nutzung der Multi-Faktor-Authentifizierung über Ihren Passwortmanager bei allen Onlineaccounts. Seien Sie außerdem vorsichtig, wenn Sie E-Mails von unbekannten Absendern erhalten oder wenn die E-Mail seltsam formuliert ist. Bei einer E-Mail von einem Vorgesetzten oder Kollegen die Ihnen etwas komisch vorkommt, rufen Sie die Person kurz an um sich zu versichern, dass die sie echt ist.

Als weitere Lösung sollten Sie regelmäßig die aktiven Sitzungen bei Diensten wie Microsoft[43], Google[44] und Apple[45] überprüfen, um unautorisierte Zugriffe zu erkennen.

Das Abgreifen von Zugangsdaten ist eine ernste Bedrohung, die sowohl technische als auch menschliche Schwachstellen ausnutzt. Durch die Kombination von technischen Schutzmaßnahmen und Benutzerschulung können Sie jedoch das Risiko minimieren und sich effektiv schützen.

---

[43] https://myaccount.microsoft.com/device-list

[44] https://support.google.com/accounts/answer/3067630

[45] https://support.apple.com/de-de/HT205064

Zusammenfassung:
Schutz vor Datendiebstahl

In der Welt der Gastronomie ist das Kochbuch eines Starkochs ein unschätzbares Gut, vergleichbar mit den Daten eines Unternehmens in der digitalen Welt. So wie ein Starkoch sein Kochbuch nicht offen herumliegen lässt, sollten Unternehmen ihre Daten schützen. In den vorangegangenen Kapiteln haben wir die verschiedenen „Einbrecher" und ihre Techniken kennengelernt und Lösungen vorgestellt, um Daten vor Diebstahl zu schützen.

Datendiebstahl durch Gerätediebstahl ist wie der Diebstahl des physischen Kochbuchs. Es geht nicht nur um den materiellen Wert, sondern um die darin enthaltenen Rezepte oder Daten. Lösungen wie die Verschlüsselung von Geräten und Mobile Device Management (MDM) Lösungen, insbesondere Microsoft Intune, bieten hier Schutz.

Datendiebstahl durch Datenlecks ist vergleichbar mit dem Verlust des Schlüssels zu einem Tresor. Die Nutzung von Passwortmanagern wie Bitwarden und die Implementierung von Multi-Faktor-Authentifizierung sind hier entscheidende Schutzmaßnahmen.

Datendiebstahl durch Zugangsdiebstahl erinnert an einen als Lieferant getarnten Dieb, der in die Küche eindringt. Hier sind Schulungen und Bewusstseinsbildung, unterstützt durch Lösungen wie Hornetsecurity, ebenso wichtig wie technische Maßnahmen.

Abschließend ist es von entscheidender Bedeutung, dass Unternehmen sowohl technische als auch menschliche Aspekte berücksichtigen, um ihre Daten vor Diebstahl zu schützen. Die vorgestellten Lösungen bieten einen umfassenden Schutz, der die Integrität und Sicherheit von Unternehmensdaten gewährleistet. Wie in der Küche eines Starkochs ist Vorsicht und Aufmerksamkeit der Schlüssel zum Erfolg. Es ist immer besser, proaktiv zu handeln und in bewährte Lösungen zu investieren, um Datendiebstahl zu verhindern.

Teil III: Ausfallzeit

Ihre IT-Infrastruktur ist das System, das Ihr Unternehmen am Laufen hält, das Herzstück Ihrer täglichen Operationen. Ein Ausfall dieses Systems, sei es durch technische Probleme, menschliches Versagen oder Angriffe von Außen, kann verheerende Folgen haben. Es geht nicht nur um den Verlust von Daten, sondern auch um die verlorene Zeit, die verpassten Chancen und den Stillstand, der Ihr Unternehmen lähmen kann.

In diesem Kapitel werden wir uns mit den Herausforderungen befassen, die zu Ausfallzeiten führen können, und wie Sie Ihr Unternehmen davor schützen können. Wir werden die verschiedenen Ursachen für Ausfallzeiten untersuchen und Strategien entwickeln, um die Widerstandsfähigkeit Ihres Unternehmens zu erhöhen. Von der Implementierung von Back-up-Systemen bis hin zur Entwicklung eines robusten Notfallplans – ich werde Sie durch die Schritte führen, die notwendig sind, um sicherzustellen, dass Ihr Unternehmen nicht wegen technischen Problemen stehen bleibt.

Risiko 7: IT-Probleme

 Nachdem der Starkoch nun Kopien seines Rezeptbuchs gemacht und diese vor Diebstahl geschützt hat, passiert ein neues Unglück. Wie im Eingangskapitel schon beschrieben, kann sein einziger Herd plötzlich den Geist aufgeben und nicht mehr angehen. Bis der Herd von einem Fachmann repariert wurde, muss er sein Restaurant schließen oder seine Karte verkleinern und verärgert dadurch seine Gäste. Wir schauen uns jetzt an, wie die Ausfallzeit zukünftig minimiert werden kann.

Folgen und Kosten der Behebung

Die Risikomatrix malt ein klares Bild: IT-Ausfälle sind nicht nur wahrscheinlich, sie sind unvermeidlich.

Risikomatrix

- Eintrittswahrscheinlichkeit ohne Schutz pro Jahr: Wahrscheinlich – bis zu 25 %

- Schadenshöhe (Auswirkung) im Eintrittsfall: Gering – bis zu 1.000 €

- Kosten für Nichtschutz pro Jahr: Moderat – bis zu 250 €

- Kosten für Schutz pro Jahr: 0 € pro Benutzer (Inklusive bei Lösung aus Risiko 3 Datenverschlüsselung)

Ein IT-Ausfall kann durch Software- oder Hardwaredefekte verursacht werden und kommt oft zur ungünstigsten Zeit, etwa vor einer wichtigen Deadline oder einem großen Projekt. Die Behebung kann Stunden oder sogar Tage dauern und erfordert entweder Ihre eigene Zeit für Recherche und Problemlösung oder die Kosten für einen IT-Experten.

Beispiele

- Der einzige Server einer Werbeagentur fällt nach 5 Jahren aus. Bis Ersatz beschafft wurde, steht die Agentur mehrere Tage ohne E-Mails und Zugriff auf Daten da.

- Der Laptop der Geschäftsführerin einer Versicherungsagentur fällt nach einem Update aus. Für mehrere Tage ist kein E-Mail- und Datenbankzugriff möglich.

- Bei einem Start-up fällt der Laptop des Buchhalters nach einem Sturz aus. Ersatzteile sind nicht lieferbar. Erst nach einer Woche können die Daten auf ein anderes Laptop übertragen werden. Rechnungen konnten in dieser Zeit nicht gestellt oder bezahlt werden.

Faktoren für IT-Probleme

Wie ein guter Koch seine Messer schärft und seine Zutaten prüft, so muss auch die IT-Infrastruktur gewartet werden. Hardware altert, Software benötigt Updates, und
manchmal können sogar physische Schäden wie Wasserschäden oder Stürze zu Ausfällen führen.

Die Lebensdauer von Hardware ist begrenzt, die meisten
Hersteller sprechen bei Ihren Geräten von maximal fünf
Jahren Lebensdauer, oft sogar nur von drei Jahren. Computer können länger halten, doch ab diesem Zeitpunkt
steigt das Risiko für einen Hardwareausfall signifikant.
Außerdem sind Ersatzteile danach oft schwerer be-
schaffbar.

Software, die nicht aktualisiert wird, wird bald zu einem
erheblichen Sicherheitsrisiko, da täglich neue Sicherheitslücken in den Anwendungen gefunden werden.
Diese Sicherheitslücken werden mit den Updates ge-
schlossen. Allerdings können Softwareupdates auch
neue Fehler beinhalten oder Probleme durch Inkompati-
bilitäten hervorrufen. Keine Updates zu machen ist aber
deutlich gefährlicher, daher sollte das Risiko der Updates in Kauf genommen und durch andere Maßnahmen
abgemildert werden.

Ein weiteres Risiko sind physische Schäden wie das Her-
unterfallen von Geräten oder Schäden durch Flüssigkeiten, wie der verschüttete Kaffee.

Die fehlende Übersicht über den Zustand der IT-Infrastruktur kann dazu führen, dass kritische Updates oder Hardwareerneuerungen übersehen werden.

Lösungen und Anbieter

Die gute Nachricht ist, dass Sie sich vorbereiten können. Die effektivste (aber nicht unbedingt günstigste) Lösung ist es, fertig eingerichtete Ersatzgeräte bereitzuhaben. So kann im Fall des Ausfalls eines Computers oder Smartphones während der Reparaturzeit einfach weitergearbeitet werden. Die Ersatzgeräte sollten genauso wie die regulären Geräte auf dem aktuellen Updatestand gehalten werden, damit ein Wechsel ohne Risiko durchgeführt werden kann.

Präventive Überwachung der Geräte und Software ist ebenfalls entscheidend. Wenn Sie bereits NinjaOne abonniert haben, wie in Kapitel Risiko 3 Datenverschlüsselung empfohlen, dann sind Sie hier gut aufgestellt. Dieses Tool bietet Patchmanagement[46], um sicherzustellen, dass Ihre Systeme immer auf dem neuesten Stand sind. Außerdem kann NinjaOne umfangreiche Berichte an Sie verschicken, um darauf aufmerksam machen, wenn sich Probleme anbahnen. Dazu überprüft es die Sensoren in den Geräten und den Softwarestatus, um zuverlässig Alarm zu schlagen, wenn die Hardware droht auszufallen.

---

[46] https://www.ninjaone.com/de/patch-management/

Für diejenigen, die nicht die Zeit oder das Know-how für die Wartung ihrer IT-Infrastruktur haben, ist ein externer IT-Dienstleister eine sinnvolle Investition. Die Kosten sind je nach Dienstleister und Leistungsumfang hier sehr unterschiedlich, aber die Sicherheit und der Seelenfrieden, die damit einhergehen, können das wert sein.

In der Welt der IT ist Vorbereitung alles. Wie ein Starkoch, der seine Rezepte und seine Küche kennt, sollten auch Sie Ihre IT-Infrastruktur kennen und schützen.

Risiko 8: Notfälle

 Der Starkoch hat für den Abend ein exklusives Dinner für VIP-Gäste geplant. Alles scheint perfekt vorbereitet, bis er feststellt, dass der Fisch unerwartet schlecht geworden ist. Was nun? Ein erfahrener Koch hat für solche Fälle einen Notfallplan in der Schublade und kann kurzfristig auf eine Alternative umstellen. Doch was, wenn nicht? Die Gäste gehen unzufrieden, der Ruf ist beschädigt und die finanziellen Einbußen sind enorm. Ähnlich verhält es sich mit der IT-Infrastruktur. Ein solider Notfallplan ist kein Luxus, sondern eine zwingende Notwendigkeit.

Folgen und Kosten der Behebung

Die Risikomatrix zeigt, dass die Wahrscheinlichkeit eines solchen Vorfalls zwar nicht besonders hoch ist, die Folgen jedoch durchaus spürbar sein können.

Risikomatrix

- Eintrittswahrscheinlichkeit ohne Schutz pro Jahr: Unwahrscheinlich – bis zu 1 %

- Schadenshöhe (Auswirkung) im Eintrittsfall: Schmerzhaft – bis zu 10.000 €

- Kosten für Nichtschutz pro Jahr: Mittel – bis zu 1.000 €

- Kosten für Schutz pro Jahr: 0 € pro Benutzer (Inklusive bei Lösungen aus den Kapiteln Risiko 2
  Datenlöschung, Risiko 3 Datenverschlüsselung
  und Risiko 5 Datenlecks)

Ohne einen Notfallplan kann die Ausfallzeit länger sein,
als sie sein müsste. Dies kann zu Verzögerungen bei der
Erfüllung von Aufträgen führen. Auch kann es ohne einen
Notfallplan zu einer Verschlechterung der Situation
kommen, da ohne eine Schritt-für-Schritt-Anleitung in
der Eile falsche Vorgehensweisen gewählt werden können. Ohne einen Notfallplan zur Datenrettung, der auch
regelmäßige Wiederherstellungstests vorsieht, kann es
sogar zu Datenverlust kommen, wenn im Ernstfall die
Wiederherstellung der Daten fehlschlägt.

Beispiele

- Nach einem Brand in den Geschäftsräumen einer Kunsthalle ist der Zugriff auf Cloud-Backups
  durch verloren gegangene Passwörter nicht
  mehr möglich. Wichtige Daten gehen endgültig
  verloren.

- Eine PR-Agentur wird von einem Hackerangriff
  getroffen. Da kein Notfallplan erstellt wurde,
  herrscht danach Chaos und die Wiederherstellung der Systeme dauert mehrere Wochen.

- Eine Kindertagesstätte hat einen Stromausfall
  und verliert dabei wichtige Dokumente. Da kein

Notfallplan erstellt wurde, wissen die Mitarbeiter nicht, wie aus dem Cloud-Backup Daten wiederhergestellt werden können. Die Wiederherstellung unter Zuhilfenahme eines externen Dienstleisters dauert Wochen und ist sehr kostenintensiv.

Faktoren für fehlende Notfallpläne

Die Gründe für das Fehlen eines Notfallplans sind vielfältig. Mangelndes Bewusstsein für die Notwendigkeit ist sicherlich einer der größten Faktoren. Der Eindruck, dass die Erstellung eines solchen Plans zu aufwendig ist und der Nutzen zu gering ist, gehören auch dazu. Ebenso wie die Unterschätzung der möglichen Folgen eines Ausfalls ohne Notfallplan.

In einem hektischen Arbeitsumfeld kann die Erstellung eines Notfallplans als zeitaufwendig empfunden und daher auf die lange Bank geschoben werden. Die Vielzahl an möglichen Risiken und Lösungen kann überwältigend wirken, was dazu führt, dass die Erstellung eines Notfallplans als zu komplex angesehen wird. Manchmal fehlt auch das Bewusstsein für die Art von Risiken, die auftreten können, und damit auch die Einsicht in die Notwendigkeit eines Plans. Auch ein "Das wird schon nicht passieren"-Denken kann dazu führen, dass die Erstellung eines Notfallplans als nicht dringlich angesehen wird.

Jeder dieser Faktoren kann für sich allein oder in Kombination mit anderen dazu führen, dass die Erstellung eines Notfallplans vernachlässigt wird. Dabei ist ein solcher Plan ein unverzichtbares Instrument zur Risikominimierung und -bewältigung.

Lösungen und Anbieter

Unzureichende Vorbereitung für schwere Störungen, Probleme, Ausfälle und Angriffe können die Situation noch verschlimmern. Mit einem Plan in der Tasche kann die Situation aber schnell entschärft und wieder zum normalen Arbeitsmodus zurückgekehrt werden.

Die gute Nachricht ist, dass die Erstellung eines Notfallplans in der Regel keine zusätzlichen Kosten verursacht, aber dennoch von unschätzbarem Wert sein kann.

Folgende Punkte sollten Sie in Bezug auf Notfallpläne beachten

- Dokumentieren Sie alle Ihre IT-Geräte und Einstellungen (die Berichte von NinjaOne sind dafür nützlich).

- Drucken Sie Ihre Wiederherstellungscodes für die MFA-Anmeldungen und eine Passwortliste aus und verwahren Sie diese sicher (z. B. in einem Tresor)

- Führen Sie regelmäßige Schulungen und Übungen zu den häufigsten Risiken durch, ähnlich wie Feueralarmübungen in Gebäuden.

- Zu den häufigsten Risiken zählen alle in diesem Buch gelisteten Punkte wie Datenverlust, Datendiebstahl, IT-Probleme und Angriffe, aber auch Ausfall von Cloud-Diensten oder der Internetverbindung.

- Mit der Lösung aus Risiko 6 Zugangsdiebstahl haben Sie bereits Schulungen für einen Phishingangriff. Weitere wichtige Übungen sind Wiederherstellungstests der Backuplösung, das testweise Löschen eines gestohlenen Geräts mit dem Mobile Device Management und das Umstellen der Arbeit auf einen Ersatzcomputer.

- Erstellen Sie für diese Szenarien Ablaufpläne, wie im Idealfall gehandelt werden soll, wenn ein Problem eintritt.

Ein Notfallplan ist wie eine Rettungsweste für Ihr Unternehmen. Sie hoffen, sie nie benutzen zu müssen, aber wenn der Ernstfall eintritt, werden Sie froh sein, sie zu haben.

Risiko 9: Angriffe

 Unser Starkoch hat sich einen Namen gemacht. Sein Restaurant ist ein Hotspot für Feinschmecker. Doch der Erfolg ruft auch Neider und Konkurrenten auf den Plan. Eines Tages wird sein Restaurant Ziel eines Sabotageakts. Jemand hat die Lebensmittel gestohlen, die Küchengeräte manipuliert und die Reservierungen gelöscht. Ein Albtraum, der das Restaurant in den Ruin treiben könnte. Ähnlich verhält es sich mit Cyberangriffen auf Ihr Unternehmen. Die Bedrohung ist real, und die Folgen können furchtbar sein.

Folgen und Kosten der Behebung

Ein Blick auf die Risikomatrix offenbart eine beunruhigende Tatsache: Neben der hohen Wahrscheinlichkeit von Cyberangriffen ist auch deren zerstörerische Kraft nicht zu unterschätzen.

Risikomatrix

- Eintrittswahrscheinlichkeit ohne Schutz pro Jahr: Wahrscheinlich – bis zu 25 %

- Schadenshöhe (Auswirkung) im Eintrittsfall: Kritisch – bis zu 100.000 €

- Kosten für Nichtschutz pro Jahr: Sehr hoch – bis zu 25.000 €

- Kosten für Schutz pro Jahr: 280 € pro Benutzer

Die Bandbreite der möglichen Schäden ist enorm. Von einer kurzzeitigen Nichtverfügbarkeit Ihrer Website bis hin zum kompletten Datenverlust ist alles möglich. Je mehr der vorhergehenden Sicherheitsmaßnahmen Sie ergriffen haben, desto geringer ist das Risiko eines verheerenden Angriffs. Dennoch wird ohne ein schnell reagierendes Schutzteam ein zielgerichteter Angriff in den meisten Fällen erfolgreich sein.

Beispiele

- Die Website eines Onlinehändlers wird Opfer einer DDoS-Attacke und ist über Stunden nicht erreichbar. Kunden springen zur Konkurrenz ab.

- Die Website eines Gasthauses wird von Hacktivisten für eine Social-Media-Kampagne missbraucht. Erst nach Tagen gelingt es, die Kontrolle wiederzuerlangen.

- Ein gemeinnütziger Verein wird ohne Vorwarnung Ziel einer DDoS-Attacke. Die Website ist über Tage nicht erreichbar, geplante Spendenaufrufe müssen abgesagt werden.

Faktoren für Angriffe

Cyberangriffe können aus verschiedenen Motiven heraus erfolgen. Es kann sich um gezielte Angriffe handeln, wie DDoS-Attacken, oder um ungezielte Angriffe mit

Schadsoftware, die durch andere Sicherheitsmaßnahmen hindurchschlüpfen konnte. Die Tatsache, dass wir ständig mit dem Internet verbunden sind, macht uns alle zu potenziellen Zielen. Und ja, Angriffe können sogar gekauft oder von Konkurrenten in Auftrag gegeben werden.

Manchmal werden Cyberangriffe von staatlichen oder nicht staatlichen Akteuren durchgeführt, um politische Ziele zu erreichen. Unter dem Begriff "Hacktivismus" versteht man Angriffe, die aus ideologischen oder politischen Gründen durchgeführt werden, oft um Aufmerksamkeit für eine bestimmte Sache zu erzeugen. Einige Hacker greifen Systeme an, um ihre technischen Fähigkeiten unter Beweis zu stellen, teils auch ohne finanzielle oder politische Motive. Manchmal werden auch Angriffe durchgeführt, ohne ein spezifisches Ziel zu haben, einfach weil die Gelegenheit besteht.

Diese Motive können einzeln oder in Kombination auftreten und bieten einen Einblick in die vielfältigen Gründe, warum Cyberangriffe durchgeführt werden.

Lösungen und Anbieter

Die gute Nachricht ist, dass es spezialisierte Dienste gibt, die rund um die Uhr Bedrohungen erkennen und darauf reagieren können. Ein solcher Dienst ist Sophos Managed Detection and Response Essentials[47] (MDR). Dieser Dienst bietet eine 24/7-Bedrohungserkennung und -Reaktion von IT-Sicherheitsspezialisten und stellt momentan den höchstmöglichen Schutz dar, den ein Unternehmen haben kann.

Die Kosten für diesen Schutz mögen mit 180 € pro Benutzer und Jahr hoch erscheinen, aber sie sind ein Tropfen auf den heißen Stein im Vergleich zu den potenziellen Kosten eines erfolgreichen Angriffs. Es ist wie eine Unfallversicherung. Sie hoffen, sie nie in Anspruch nehmen zu müssen, aber wenn der Ernstfall eintritt, sind Sie froh, sie zu haben.

Für die Einrichtung stellen Sie zuerst eine Preisanfrage an Sophos[48]. Nach dem Erwerb der Lizenz können Sie Ihr Microsoft 365 Konto verknüpfen und profitieren ab sofort von dem Expertenschutz.

In der Welt der Cybersecurity zählt das Motto: Nur wer vorbereitet ist und die besten Sicherheitsmaßnahmen verwendet, kann sich gegen die Risiken wappnen und erfolgreich sein.

---

[47] https://www.sophos.com/de-de/products/managed-detection-and-response/microsoft-defender

[48] https://www.sophos.com/de-de/products/managed-detection-and-response/microsoft-defender/get-pricing

Zusammenfassung:
Schutz vor Ausfallzeiten

In der heutigen Geschäftswelt ist die IT-Infrastruktur das Rückgrat eines jeden Unternehmens, vergleichbar mit der unverzichtbaren Küche eines Starkochs. Ein Ausfall kann katastrophale Auswirkungen haben, von verlorenen Geschäftschancen bis zu erheblichen finanziellen Verlusten. In den vorangegangenen Kapiteln wurden die verschiedenen Ursachen für Ausfallzeiten untersucht und Lösungen zur Minimierung dieser Risiken vorgestellt.

Ausfallzeiten durch IT-Probleme können durch Hardware- oder Softwaredefekte verursacht werden. Wie ein Starkoch, der plötzlich ohne Herd dasteht, kann ein Unternehmen ohne funktionierende IT-Infrastruktur lahmgelegt werden. Als präventive Maßnahme wurde NinjaOne hervorgehoben, ein Tool, das Patchmanagement bietet und sicherstellt, dass Systeme immer auf dem neuesten Stand sind.

Ausfallzeiten durch fehlende Notfallpläne können zu längeren und kostspieligeren Unterbrechungen führen. Ein Unternehmen ohne Notfallplan kann in einer Krise stecken bleiben. Die Erstellung und regelmäßige Überprüfung von Notfallplänen, unterstützt durch Programme wie NinjaOne, wurde als entscheidende Maßnahme betont.

Das Risiko von **Ausfallzeiten durch Angriffe** ist in der heutigen digitalen Welt allgegenwärtig. Wie ein Starkoch, der Ziel eines Sabotageakts wird, kann ein Unternehmen Ziel eines Cyberangriffs werden. Zur Abwehr solcher Bedrohungen wurde der Dienst Sophos Managed Detection and Response empfohlen, der 24/7-Bedrohungserkennung und -Reaktion bietet.

Zusammenfassend ist es für Unternehmen unerlässlich, proaktiv zu handeln und in Lösungen zu investieren, die Ausfallzeiten minimieren. Die vorgestellten Strategien und Hilfsmittel bieten einen robusten Schutz, um die Betriebskontinuität zu gewährleisten. Wie in der Küche ist Vorbereitung alles, und Unternehmen sollten bereit sein, sich den Herausforderungen der IT-Sicherheit zu stellen.

Ihr neuer Sicherheitsstandard

Auf den nächsten Seiten sind zwei Tabellen, die alle vorgestellten Lösungen aus den verschiedenen Kapiteln und Risikobereichen zusammenfassen. Diese Tabellen bietet eine klare Übersicht über die verschiedenen Risikobereiche und die empfohlenen Lösungen oder Hilfsmittel, um diesen Risiken zu begegnen. Es ist wichtig, dass Unternehmen diese Lösungen in Betracht ziehen und implementieren, um ihre Daten und IT-Infrastruktur effektiv zu schützen.

Die Lösungen im Überblick

Risikobereich	Lösung
1 Datenverlust durch Hardwareausfall	Microsoft 365 Business Premium
2 Datenverlust durch Löschung	Microsoft 365 Business Premium, Hornetsecurity 365 Total Protection Compliance & Awareness
3 Datenverlust durch Verschlüsselung	Microsoft 365 Business Premium, NinjaOne
4 Datendiebstahl durch Gerätediebstahl	Microsoft 365 Business Premium
5 Datendiebstahl durch Datenlecks	Bitwarden, Multi-Faktor-Authentifizierung
6 Datendiebstahl durch Zugangsdiebstahl	Multi-Faktor-Authentifizierung, Hornetsecurity 365 Total Protection Compliance & Awareness
7 Ausfallzeit durch IT-Probleme	NinjaOne
8 Ausfallzeit durch fehlende Notfallpläne	Notfallplan, NinjaOne
9 Ausfallzeit durch Angriffe	Sophos Managed Detection and Response Complete

Die Kosten im Überblick

Risikobereich	Schadenshöhe	Kosten
1 Datenverlust durch Hardwareausfall	10.000 €	250 €
2 Datenverlust durch Löschung	2.500 €	120 €
3 Datenverlust durch Verschlüsselung	10.000 €	80 €
4 Datendiebstahl durch Gerätediebstahl	25.000 €	0 €
5 Datendiebstahl durch Datenlecks	2.500 €	72 €
6 Datendiebstahl durch Zugangsdiebstahl	1.000 €	0 €
7 Ausfallzeit durch IT-Probleme	2.500 €	0 €
8 Ausfallzeit durch fehlende Notfallpläne	100 €	0 €
9 Ausfallzeit durch Angriffe	25.000 €	180 €
Summe	**78.600 €**	**702 €**

Die nächsten Schritte

Die Gesamtsumme pro Benutzer und Jahr liegt damit für die fünf kostenpflichtigen Lösungen bei etwa 702 €, bzw. bei etwa 59 € pro Monat. Im Vergleich zu den anderen Kosten, die ein Unternehmen für einen Mitarbeiter hat, ist dies eine überschaubare Investition in die Sicherheit, die sich definitiv auszahlt.

Sie haben nun die Grundlagen für eine sichere IT-Infrastruktur in Ihrem Unternehmen gelegt. Die in diesem Buch vorgestellten Sofortmaßnahmen decken die wichtigsten Risikobereiche ab und geben Ihnen Handlungssicherheit für die ersten Schritte. Doch die Absicherung Ihrer digitalen Systeme ist kein Projekt, das irgendwann „abgeschlossen" ist. Die IT-Sicherheit sollte viel mehr als fortlaufender Prozess gesehen werden, der Anpassungen und Weiterentwicklung erfordert. Im Folgenden finden Sie einige Empfehlungen, wie Sie auf dem aktuellen Stand aufbauen können.

Führen Sie jährlich eine aktualisierte Risikoanalyse durch, um neue Gefahrenquellen zeitnah zu erkennen. Die in diesem Buch vorgestellte Risikomatrix ist ein nützliches Hilfsmittel hierfür. Informieren Sie sich kontinuierlich über aktuelle Bedrohungen und Trends der IT-Sicherheit, beispielsweise über Fachblogs, Newsletter oder Communitys. Überprüfen und aktualisieren Sie Ihre Notfallpläne mindestens einmal jährlich. Testen Sie die Wiederherstellung von Backups regelmäßig. Führen Sie Mitarbeiterschulungen zu IT-Sicherheitsthemen, Social Engineering und sicherer Internetnutzung durch. Wiederholen Sie diese mindestens alle zwei Jahre. Prüfen Sie, ob eine Zertifizierung nach Standards wie ISO 27001 oder BSI-IT-Grundschutz für Ihr Unternehmen sinnvoll ist. Die in diesem Buch vorgestellten Maßnahmen bilden dafür bereits eine gute Grundlage. Behalten Sie Compliance-Vorschriften wie die DSGVO im Auge und passen Sie Ihre Datenschutzmaßnahmen an. Externe Datenschutzbeauftragte können Sie dabei unterstützen.

Die IT-Sicherheit ist eine fortlaufende Aufgabe. Mit diesem Buch haben Sie die Grundlagen und wichtigsten Sofortmaßnahmen verinnerlicht, um Ihr Unternehmen sicher in die Digitalisierung zu führen. Bauen Sie konsequent darauf auf und seien Sie gewappnet für die Anforderungen der Zukunft.

Bei Rückfragen oder Anmerkungen zu diesem Buch freue ich mich über Ihre Nachricht an mail@sichere-kmu.de[49].

Auf der Webseite zum Buch finden Sie weitere aktuelle Anleitungen. Außerdem können Sie sich in den Newsletter eintragen und bekommen dadurch ein Update, falls sich eine Empfehlung ändert: www.sichere-kmu.de[50].

---

[49] mail@sichere-kmu.de

[50] www.sichere-kmu.de

Anhang

Auf den folgenden Seiten finden Sie Erklärungen zu den technischen Begriffen, die im Laufe des Buchs verwendet werden. Außerdem sind für alle Links, welche in diesem Buch vorkommen QR-Codes abgedruckt, damit Sie scannen statt tippen können.

Glossar

Backup: Sicherungskopie von Daten

Bug: Fehler in einer Software, der zu einer unerwarteten Funktion führt

Cloud: Virtueller Speicherplatz, auf den über das Internet zugegriffen werden kann. Ermöglicht ortsunabhängigen Zugriff auf Daten

Cyberkriminalität: Straftaten, die mithilfe von Internet, Netzwerken oder Informationstechnologie begangen werden

Darknet: Versteckter Bereich des Internets, der nur mit spezieller Software zugänglich ist. Oft für illegale Aktivitäten genutzt

Datenleck: Unbefugter Zugriff auf persönliche Nutzerdaten, die von einer Organisation gespeichert wurden

Datenrettung: Professionelle Wiederherstellung von Daten nach einem Verlust, z. B. durch Festplattenschaden

Datenverschlüsselung: Umwandlung von Daten in einen Code, sodass nur Berechtigte mit dem Schlüssel darauf zugreifen können

DDoS-Attacke: Distributed-Denial-of-Service Attacke, gezielte Überlastung eines Servers durch viele Anfragen

DSGVO: Datenschutz-Grundverordnung mit EU weit geltenden Regeln zum Schutz von Personendaten

Endpoint Protection: Schutz von Endgeräten wie PCs vor Schadsoftware durch Hilfsmittel wie Antiviruspro-gramme

Erpressungstrojaner: Schädliche Software, die Daten verschlüsselt und Lösegeld für Entschlüsselung fordert

Festplatte: Digitaler, nicht flüchtiger Datenspeicher in Computern

Hacktivismus: Politisch motivierte Cyberangriffe, um auf ein Thema aufmerksam zu machen

Hardware: Physische Komponenten eines Computers wie Festplatte, Prozessor etc.

ISO 27001: Internationaler Standard für Informationssi-cherheits-Managementsysteme

IT-Grundschutz: Vom BSI entwickelter Standard für IT-Sicherheit

IT-Infrastruktur: Gesamtheit der Hard- und Software-komponenten, die IT-Services erbringen

IT-Sicherheit: Schutz von Computersystemen und Netzwerken vor Angriffen

KMU: Kleinst-unternehmen, kleine Unternehmen und mittelständische Unternehmen

Mobile Device Management: Zentrale Verwaltung von Smartphones und Tablets

Multi-Faktor-Authentifizierung: Anmeldung mit Pass-wort und weiterem Faktor wie App-Code

Next-Gen Endpoint Protection: Moderne Sicherheitssoftware mit KI-Funktionen für Endgeräte

Notfallplan: Vordefinierter Ablaufplan für Krisenfälle

Passwortmanager: Zentraler Safe für digitale Passwörter anstatt Notizen

Patchmanagement: Prozess zum Verteilen von Software-Updates

Phishing: Versuch, über gefälschte Nachrichten an Log-in-Daten zu gelangen

Ransomware: Siehe Erpressungstrojaner

Schadsoftware: Software, die schädliche und unerwünschte Funktionen ausführt

Server: Leistungsstarker Computer, der Dienste und Daten für andere Geräte zentral bereitstellt

SharePoint: Software von Microsoft für Datenaustausch und gemeinsames Arbeiten

SIM-Swap: Betrügerische Methode, bei der Kriminelle die Mobilfunknummer eines Opfers auf eine neue SIM-Karte umleiten, um MFA SMS zu empfangen

Social Engineering: Manipulation von Personen, um vertrauliche Informationen preiszugeben

Software: Digitale Programme und Anwendungen

Spear Phishing: Phishing mit speziell auf eine Person zugeschnittenen Nachrichten

Synchronisation: Automatische Abgleichung und Aktualisierung von Dateien auf verschiedenen Geräten

Verschlüsselung: Siehe Datenverschlüsselung

Versionierung: Chronologische Protokollierung von Dateiänderungen

Zwei-Faktor-Authentifizierung: Anmeldung mit Passwort und zusätzlichem Code

Links als QR-Codes

Fußnote 1, Seite 4

`https://www.sicherheitstacho.eu/start/main`

Fußnote 2, Seite 7

`https://www.bsi.bund.de/DE/Themen/Unterneh-`
`men-und-Organisationen/Standards-und-Zerti-`
`fizierung/IT-Grundschutz/it-grund-`
`schutz_node.html`

Fußnote 3, Seite 7

https://www.iso.org/standard/27001

Fußnote 4, Seite 27

https://www.ontrack.com/de-dev

Fußnote 5, Seite 30

https://www.microsoft.com/de-de/microsoft-365/sharepoint/collaboration

Fußnote 6, Seite 30

```
https://www.microsoft.com/de-de/microsoft-
365/business/microsoft-365-business-premium
```

Fußnote 7, Seite 32

```
https://www.apple.com/de/legal/internet-ser-
vices/icloud/de/terms.html
```

Fußnote 8, Seite 32

```
https://support.microsoft.com/de-
de/office/willkommen-bei-microsoft-365-busi-
ness-d60a9cbe-8cb5-4807-b57c-bca553e372aa
```

Fußnote 9, Seite 32

https://support.microsoft.com/de-
de/office/hinzuf%C3%BCgen-eines-benutzerde-
finierten-dom%C3%A4nennamens-071780ac-46bb-
4758-b30d-39ad0aeccf42

Fußnote 10, Seite 32

https://support.microsoft.com/de-
de/office/melden-sie-sich-bei-sharepoint-an-
324a89ec-e77b-4475-b64a-13a0c14c45ec

Fußnote 11, Seite 32

https://support.microsoft.com/de-
de/office/dateispeicher-f%C3%BCr-ihr-unter-
nehmen-ed07dae5-673a-461d-a98a-f93323eb7e36

Fußnote 12, Seite 39

https://support.microsoft.com/de-
de/office/anzeigen-des-versionsverlaufs-ei-
nes-elements-oder-einer-datei-in-einer-
liste-oder-bibliothek-53262060-5092-424d-
a50b-c798b0ec32b1

Fußnote 13, Seite 39

https://support.microsoft.com/de-
de/office/manage-the-recycle-bin-of-a-
sharepoint-site-8a6c2198-910e-42dc-9a9c-
bc5bc4f327da

Fußnote 14, Seite 39

https://www.hornetsecurity.com/de/ser-
vices/365-total-protection-compliance-and-a-
wareness/

Fußnote 15, Seite 40

https://www.hornetsecurity.com/de/ser-
vices/365-total-protection-compliance-and-a-
wareness/

Fußnote 16, Seite 43

https://www.tagesschau.de/inland/cyberan-
griffe-deutschland-bka-100.html

Fußnote 17, Seite 46

https://www.microsoft.com/de-de/security/bu-
siness/endpoint-security/microsoft-defender-
business?market=de

Fußnote 18, Seite 46

https://www.ninjaone.com/de/

Fußnote 19, Seite 47

https://learn.microsoft.com/de-de/microsoft-
365/security/defender-business/mdb-add-
users?view=o365-worldwide

Fußnote 20, Seite 47

https://learn.microsoft.com/de-de/microsoft-
365/security/defender-business/mdb-onboard-
devices?view=o365-world-
wide&tabs=Windows10and11

Fußnote 21, Seite 47

https://support.microsoft.com/de-
de/windows/windows-aktualisieren-3c5ae7fc-
9fb6-9af1-1984-b5e0412c556a

Fußnote 22, Seite 47

https://support.microsoft.com/de-
de/office/aktualisieren-von-office-mit-
microsoft-update-f59d3f9d-bd5d-4d3b-a08e-
1dd659cf5282

Fußnote 23, Seite 47

https://support.microsoft.com/de-
de/windows/aktivieren-automatischer-app-up-
dates-70634d32-4657-dc76-632b-66048978e51b

Fußnote 24, Seite 48

https://support.apple.com/en-us/HT201541

Fußnote 25, Seite 48

https://support.microsoft.com/de-
de/office/automatisches-aktualisieren-von-

```
office-f%C3%BCr-mac-bfd1e497-c24d-4754-92ab-
910a4074d7c1
```

Fußnote 26, Seite 48

```
https://support.apple.com/de-de/guide/app-
store/fir9b01adda3/3.0/mac/13.0
```

Fußnote 27, Seite 48

```
https://www.ninjaone.com/de/patching-kosten-
los-testen/
```

Fußnote 28, Seite 58

https://learn.microsoft.com/de-de/mem/in-
tune/user-help/use-managed-devices-to-get-
work-done

Fußnote 29, Seite 58

https://learn.microsoft.com/de-de/mem/in-
tune/protect/endpoint-security-disk-encryp-
tion-policy

Fußnote 30, Seite 59

https://learn.microsoft.com/de-de/mem/in-
tune/fundamentals/deployment-plan-setup

Fußnote 31, Seite 59

https://learn.microsoft.com/de-de/mem/in-
tune/fundamentals/deployment-plan-compli-
ance-policies

Fußnote 32, Seite 59

https://learn.microsoft.com/de-de/mem/in-
tune/fundamentals/deployment-guide-enroll

Fußnote 33, Seite 60

https://learn.microsoft.com/de-de/mem/in-
tune/fundamentals/deployment-plan-configura-
tion-profile

Fußnote 34, Seite 60

https://learn.microsoft.com/de-de/mem/in-tune/remote-actions/devices-wipe#wiping-a-device

Fußnote 35, Seite 64

https://haveibeenpwned.com/PwnedWebsites

Fußnote 36, Seite 65

https://bitwarden.com/de-DE/products/busi-ness/

Fußnote 37, Seite 66

```
https://bitwarden.com/de-DE/help/create-bit-
warden-account/
```

Fußnote 38, Seite 66

```
https://bitwarden.com/de-DE/help/getting-
started-organizations/
```

Fußnote 39, Seite 66

```
https://bitwarden.com/de-DE/help/getting-
started-webvault/
```

Fußnote 40, Seite 66

`https://bitwarden.com/de-DE/download/`

Fußnote 41, Seite 66

`https://bitwarden.com/de-DE/help/authentica-tor-keys/`

Fußnote 42, Seite 71

`https://www.sueddeutsche.de/wirtschaft/home-office-betrug-gdv-1.5397404`

Fußnote 43, Seite 72

https://myaccount.microsoft.com/device-list

Fußnote 44, Seite 72

https://support.google.com/accounts/answer/3067630

Fußnote 45, Seite 72

https://support.apple.com/de-de/HT205064

Fußnote 46, Seite 81

```
https://www.ninjaone.com/de/patch-manage-
ment/
```

Fußnote 47, Seite 91

```
https://www.sophos.com/de-de/products/mana-
ged-detection-and-response/microsoft-defen-
der
```

Fußnote 48, Seite 91

```
https://www.sophos.com/de-de/products/mana-
ged-detection-and-response/microsoft-defen-
der/get-pricing
```

Fußnote 49, Seite 99

mail@sichere-kmu.de

Fußnote 50, Seite 99

www.sichere-kmu.de